这样做班主任才高效

钟杰

著

中国人民大学出版社
·北京·

图书在版编目（CIP）数据

这样做班主任才高效／钟杰著. —北京：中国人
民大学出版社，2015.9
ISBN 978 - 7 - 300 - 21853 - 3

Ⅰ.① 这… Ⅱ.① 钟… Ⅲ.① 班主任工作
Ⅳ.① G451.6

中国版本图书馆CIP数据核字（2015）第 206506 号

这样做班主任才高效

钟　杰　著

Zheyang Zuo Banzhuren Cai Gaoxiao

出版发行	中国人民大学出版社			
社　　址	北京中关村大街 31 号		**邮政编码**	100080
电　　话	010 - 62511242（总编室）		010 - 62511770（质管部）	
	010 - 82501766（邮购部）		010 - 62514148（门市部）	
	010 - 62515195（发行公司）		010 - 62515275（盗版举报）	
网　　址	http://www.crup.com.cn			
经　　销	新华书店			
印　　刷	北京华宇信诺印刷有限公司			
开　　本	720 mm × 1000 mm　1/16		**版　　次**	2015 年 9 月第 1 版
印　　张	14　插页1		**印　　次**	2024 年 8 月第 10 次印刷
字　　数	200 000		**定　　价**	35.00 元

目录 Contents

第二章 这些事，一定不能做

自序　成长是班主任别无选择的修行

一位家长跟我闲谈，我问她："如果您要远行，为确保安全，您想把您家里最贵重的东西交给谁保管？"她沉思了一会儿，回答我："肯定是我最看重、最信任的人。"

"您家里最贵重的东西是什么呢？"我笑着问，"是首饰、车，还是基金、债券、股票？"

"应该是，"她沉吟着，然后坚决地说，"是我的孩子！"

"没错，"我笑着说，"我也是家长。在我看来，我的孩子就是我最宝贵的财产，别说是房子、车子，就是用我的命去换我的孩子，我也愿意。"

"老师，这样说来，您才是我们家的贵人。"这位家长极其聪明，立刻就向我提出了请求，"老师，我把我家孩子交给您，麻烦您帮我好生看着，好好管着啊！"

对我来说，孩子们只是我教育人生驿站上来去匆匆的行人。他们跟我在一起的时间再长，也就是三年，了不得来个大循环，也才六年。而对父母来说他们却是唯一。如果因为我的疏忽、我的无知，把身体健康、心灵澄澈的赤子教成了目光呆滞、内心蒙昧的蠢童，那我如何对得起自己的良心，又从哪里去获得职业尊严或者说人格尊严？

由此说来，班主任的专业成长是何其重要啊！某些专家说我们班主任很懒惰，不求进取。平心而论，我也是一线班主任，懂得大部分一线班主任的心思。他们并非懒惰，也不是不想成长，而是不知道如何成长。这也是我写这本书的初衷。

我们是一线班主任，天天面对一群不懂事的小孩子，每天都会遇到不可预知的事情,我们的生活中充满了让我们提心吊胆的事。这可怎么办?没关系啊,兵来将挡,水来土掩,咱们权当这一切都是美妙的实践生活啊!有句话叫作"实践出真知",一点儿都没错啊!如果我们没有实践,不在实践中锻炼自己,提升自己,我们的专业能力又怎么可能提高呢?

在本书的第一章,我列出了我在教育实践中的16个妙招,这些妙招都是经过反复验证、非常有效的。

可知道"怎么做"了还不够。作为一线班主任,还应该知道哪些事情是需要避免的。班主任工作虽然烦琐,但一定是有边界的。在本书的第二章,我列出了16件需要避免做的事,希望引起老师们的重视,从而思考自己在实际的工作中,是不是经常做不该做的事,是不是在努力地"毁人不倦"。

教育是一个极其复杂的工程,我要把这个复杂的工程简单化,当然远不是两个章节的内容就能把我的做法全部展示出来的。我只是抛砖引玉,希望能以此激发老师们开发出更多美妙且有效的做法。

在本书的第三章,我重点介绍了"高效管理班级三大核心问题"——如何打造精锐的班级管理队伍,如何锻造班级核心领导层,如何塑造班级文化的三张"名片"。第四章讲述的是班主任专业成长的途径,主要是以我个人的成长经历为主线来写的,目的是给班主任提供成长的方向。班主任除了要弄清楚专业成长方向之外,还要将之落到实处。那么这个"实处"是怎么一回事呢?

我以为这个"实处"要从"读书"、"实践"、"写作"三个方面来理解。

读书,能开阔眼界,增长智慧,更新理念,但离真正的成长还差得远。还要坚持不懈地实践,拥有丰富的实践经验以后,你不想成为优秀班主任都很难。

想要进一步成长的话,班主任还可以通过写作来梳理自己的工作,反思工作的得失。一线班主任工作非常繁忙,一下手就去写宏大的论文是很容易败坏研究兴致的,也很难坚持。我个人认为,一线班主任要想快速、高效地成长，最好的办法就是写班级教育叙事，自己怎么想的、怎么做的，原生态地记录下来就行，然后再进行总结，并不断地梳理和反思。这样反复地做，就可以找到教育的规律，形成自己的风格，这就是成长。

本书是用叙事的风格写成的，由一个个精彩的教育故事组成，生动而鲜活的案例就来自我真实的工作。我相信每一个一线班主任都会遇到类似的情况，你是怎么做的呢？翻开我的书，读一读，比一比，相信你会比我做得更好！

是为序。

钟　杰

2015 年 7 月于深圳

第一章
高效工作有妙招

　　我们在实际的教育情境中常看到这样的现象：有的老师掌握了不少教育理论，说起来头头是道，可一旦遇到实际问题就傻眼了；有的老师工作起来可谓是兢兢业业、呕心沥血，但是他越勤奋，就越坏事。那么，该怎么办呢？其实，任何工作都是有窍门的，只要你愿意在实践中多摸索，多总结，就一定能找到。下面我就抛砖引玉，总结一下我的工作小妙招。当然远不止这些，其他的，我想应该由热爱这项工作的班主任自己去总结了。

提前为学生准备个"百宝袋"

苏霍姆林斯基说，教育首先是人学。所以教育的一切要从人出发，以人为本，分析人，关注人，发展人。尤其是班主任，在进行专业成长的同时，一定不可以忽视自己作为一个人的成长；在满足孩子课堂需要的同时，千万不可忽视孩子课堂以外的需要。因为孩子们需要的不仅仅是老师传授的知识，还需要老师对他们身心的真诚关怀。

那么作为班主任，该从哪些方面来做课堂以外的准备呢？愚以为，可以根据孩子们的切身需要准备一个"百宝袋"，里面可以装以下物品。

风油精或万金油。孩子们因伤风感冒引起头痛、头晕、鼻塞等症状时，你可以在他们的太阳穴上或者是鼻孔外面涂抹一点儿，以缓减症状。风油精还有提神醒脑的作用，甚至在孩子被蚊虫叮咬后也可以一用。

活络油。孩子们做体育运动扭伤身体，或者是关节肿痛时你帮他们涂一些在伤处或者痛处，可以缓解他们的不适。尤其是在体育考试之前，孩子们往往会到处找活络油，这个时候，可以顺手递给他们以解燃眉之急。想想看，如果是你，在最需要一样物品的时候，它竟然神奇地出现了，心中是不是很惊喜与感动？

花露水。孩子们不小心被蚊虫叮咬痛痒难耐时，可以用花露水涂抹被叮咬处，他们的痛苦很快就会减轻。

空气清新剂。夏天教室里很容易出现异味，鼻子敏感的孩子会觉得难受，这个时候喷少量空气清新剂可以减轻孩子对异味不适的感觉。至于选什么样的香型，我以为尊重孩子们的嗅觉就好。

剪刀、胶水、订书机、回形针、卷尺、小夹子、大头针、电池、透明胶

（双面胶）。条件好一些的学校，这些东西是作为办公用品发放的；如果学校条件不够好，班主任就要记得准备这些东西了。不用的时候，不觉得它们有多重要；要用的时候没有，真的会急得抓耳挠腮。

酒精、棉签、创可贴。这些东西都不贵，但确实是必备用品。有些时候，孩子们不小心弄得身上出现一些小伤口，用棉签、酒精消个毒，贴块创可贴，他们心里会不会觉得很舒服？我们可以将心比心，如果自己遇到这样的情况，有人这样呵护你，你心里是不是暖暖的？

纸巾。虽然我一直要求我的男孩、女孩们都要养成带纸巾的习惯，但他们有时真的忘记了。鼻涕要流出来了，或者内急了，没有纸巾，慌里慌张，这个时候，如果能在班主任的"百宝袋"里翻出急需的纸巾，心里是不是很感激你呢？

卫生巾。这可是比较私密的东西啊！但是，即便是要遮遮掩掩的物品，我们也要替女孩子想到，并且帮她们做好应急准备。青春期早期的女孩子来"大姨妈"没啥规律，她们自己都搞不懂什么时候"大姨妈"会来问候她们。如果"大姨妈"来了，又没准备，女孩子心里那个慌啊，那个羞啊，也只有女老师才能感同身受。我还记得我读小学五年级的时候，一个女同学忽然来"大姨妈"了，染红了裤子，我们的男班主任不仅不帮她掩饰和处理，还一脸鄙视，大声指责她邋里邋遢、不爱干净。至今，我那位女同学说起那个男班主任还耿耿于怀。其实，男老师也应该试着去体谅，试着去帮助女孩子。想想，当女孩子被"大姨妈"突然袭击弄得手足无措的时候，如果班主任的"百宝袋"里有一包卫生巾，她们心头那块石头是不是就落地了呢？

一次性水杯。水是生命之源，孩子运动量很大，补充水分那是必需的。通常情况下，我都是要求孩子们带水（当初在条件差的学校，我就让他们带水杯，我给他们烧水），经济条件好的孩子也可以在小卖部买水。即便如此，我也会准备一些一次性水杯。有时候孩子们会忘记带水杯，或者身体不适时要喝点儿热水。

便利贴。它的颜色和形状，都要尽量符合孩子们的审美标准。如果你选的不讨孩子们喜欢，那么可以让他们帮你代买。买这个干吗呢？平时跟孩子们沟通时，挑一张他们喜欢的便利贴，写几句贴心的话，悄悄地递给他们。他们拿着那张写有温馨话语的便利贴，就像接到情书一样，内心非常激动，对老师的好感值会一下子飙升。

通用充电宝。这个东西通常情况下是旅行时才用的。再说，学校一般都不允许孩子们带手机到学校来，那干吗还要准备这样的东西呢？诚然，学生在校期间确实是不允许带手机的，但是，任何事情都有特殊性。比如，组织孩子去游学，就会用到这个东西。当孩子们有急用的时候，班主任变戏法似的从"百宝袋"里拿出这个东西，孩子们会不会对你充满感激和爱意呢？

牙签。这个东西肯定会让很多人睁大眼睛说，班主任是开餐厅的啊，竟然还要准备牙签！班主任确实不是开餐厅的，但我想问问班主任，你有没有遇到过牙缝里嵌菜叶时的尴尬？孩子一时大意，牙缝里嵌菜叶的事出现过吧？这个时候，牙签对你和学生而言，都是很需要的东西。还有，孩子们做个活动，尤其要分享好吃的东西（我们班孩子经常分享月饼、芒果等食品）时，拿手抓吗？医生说了，这可不卫生啊！这个时候，牙签是不是就派上用场了呢？

镜子。很多学校在教学楼楼梯拐弯处的墙壁上以及卫生间里，都装了仪容镜，但也有一些条件差的学校没有安装。这可怎么办？班主任就自个儿准备一面镜子吧！当孩子们的仪容、仪表确实邋遢、难看，你口说无效的时候，把镜子拿到他们面前让他们欣赏镜子里的自己，这可比你说教的效果好多了。

消毒粉。教室里人多，即便使用了空气清新剂，空气也比室外浑浊，因此教室也是一个很容易滋生病菌的地方。如果班主任的"百宝袋"里藏有几包消毒粉，定期安排孩子们给教室消消毒，对预防感冒，预防呼吸道传染病是大有好处的。教室不仅是盛放孩子们心灵的地方，也是要让孩子们的身体得到安全保障的地方。

针线盒。这个东西现在不时髦了，甚至有很多家庭都不准备它了。班主任的"百宝袋"里还放它似乎都 out（落伍）了。但事实上这东西还真派得上用场。有些时候孩子们不小心把衣服的扣子蹭掉了，或者是裤子开线了，用针线缝补一下可以救急。我在四川任教的时候，还准备了缝纫机，孩子们的拉链坏了，衣裤开线了，都是我帮他们缝补。多年过去了，现在他们提到当初这些小事，都对我心怀感激。

笔记本。准备一些小笔记本（视自己的经济条件来定，可以是薄的，也可以是厚的，总之，漂亮、实用就好）。这个笔记本当然也可以拿来发奖。通常情况下，我是让孩子们拿笔记本来做课堂笔记或者是读书笔记，但总有那么一两个孩子是马大哈，要么是忘记了，要么是丢失了（这可是个坏习惯，必须纠正，但纠正一个坏习惯，是需要时间的）。与其责骂他们，还不如对他们实施临时救助，顺手拿一个笔记本给他们先用着。注意：天下没有免费的午餐，既然失误是由他们自己造成的，那么事后可要他们承担一个逻辑后果，那就是回谢我一个同样的笔记本。当然，经济条件好的、性格豁达的学生，也可以回谢我一个或者两个更高级的笔记本。

糖果或者其他小零食。我们学校的教学主任是个男的，跟我教同一个年级，他很细心，也很用心，每次出差都会买一些当地特产回来与办公室的同事分享。别看我们都是几十岁的人了，拿着一两颗糖或者一包其他的小零食，心里也满满的都是喜悦。连几十岁的人都这样，更何况是孩子呢？大家还记得陶行知的"四颗糖的故事"吧？如果陶先生事先没有准备糖，这个故事怎么能发生呢？还有"徐悲鸿的三块糖"的故事，哪个看了不为徐悲鸿对孩子、对妻子的爱而感动？我的"百宝袋"里永远都有孩子们喜欢的糖块。哪个孩子不开心了，吃块糖，心里就快乐了；哪个孩子帮我做了事，为感谢他我会送他一块糖；有时候孩子们什么事都没做我也给他们糖，就是为了分享甜蜜。不是说只有小孩子才喜欢这个，我带高中生的时候，那些十八九岁的大孩子也是非常喜欢的。孩子们贪图的并非糖，而是通过糖这个载体传递出去的爱与关怀。

校医室电话号码。现在办学条件好很多了，绝大多数学校都有校医室了。很多老师在孩子感到不适向自己报告时，经常说一句话："去校医室。"可孩子去没去校医室你知道吗？还有，孩子的病况如何？班主任要是一点儿都不知情，遇到难缠的家长问责该怎么解释？所以，当孩子感到身体不适时，你一定要叮嘱他去校医室找校医诊治。事后，要及时跟校医联系，询问孩子的病情，做到心中有数，有备无患。

附近医院的急救电话号码。小毛病可以找校医，问题大了呢？就得将孩子送往医院。送医之前，联系一下附近医院的急诊科，简单讲述一下孩子的病情，让医生事前有个准备。如果需要做手术，医生就可以提前做好准备，孩子一送过去，就可以立即就诊了。这样既可以节省就医时间，又可以抓住就诊的最佳时机。对孩子、医生、家长来说，都是好事一桩。

附近派出所的电话号码。班主任不是万能的。孩子们之间发生的那些鸡毛蒜皮的事没必要移交到公安机关。但如果事态严重，甚至孩子的行为违反了法律，这个时候就不是用纸包火的时候了。班主任必须及时报案，获得法律支持。这种做法既是在保护孩子，也是在保护自己。

每个孩子的家庭住址。有的老师跟我说，教了孩子几年，竟然不知道孩子的家朝东还是朝西，甚至连孩子的家庭地址都不知道。只知道孩子是地球人，却不知道是地球上哪里的人。这话出自一个班主任之口，是很没人情味的。没去孩子家里家访过，这不足为奇，也不必大惊小怪。有些孩子或者家长，并不欢迎老师去家访。但是，孩子的家庭住址，住得离学校是远还是近，班主任一定要做到心中有数。比如，家离学校远的孩子，你放学后还把人家死死留在学校里，难道就不考虑下，万一他在路上出了意外，受了伤害，怎么办？有些伤害是可以补救的，也是可以忘记的，但有些伤害却是无法补救的，并且是一辈子都无法释怀的。我读初中的那所学校，有一位据说极其负责的老师特别喜欢在放晚学后留堂，结果有天他班里有个女孩因为下午放学后被留堂太晚，在回家途中遭到歹徒强奸。这个老师虽然没有承担法律责任（那个时候家长还没有维权意识，所以这个老师侥幸逃脱了法律责任），但很多孩子直到现在都不肯原谅他，认为这个女生的悲惨遭遇就是这个老师间接造成的。

每个孩子家长的电话号码。家长把他们眼里、心里最重要的人交给我们了，那我们就必须主动成为家长心中最信任的人，必须对得住家长，必须帮家长守护住他们的孩子。孩子在学校的情况，要及时向家长通报，毕竟家长是有知情权的。只是，在通报情况的时候，班主任要懂得变通，好的行为要大说特说，不好的行为要变着法子说。

学校门卫室的电话号码。学校门卫可谓是连接校外、校内的纽带，所以务必要留存门卫室的电话号码。孩子因有事情离校，或者是有家长要来接孩子，都要与门卫取得联系，确保孩子安全离开或者安全地交到家长手上。

家长的工作信息表。保存这个干什么呢？家长资源其实是最丰富、最给力的教育资源。班主任要成为一个善于整合各种教育资源的高手。再说，多与一些做企业的家长接触，你会增长见识，开阔眼界，能看到与学校迥然不同的天地，能跳出教育看教育。最重要的是，很多资源可以用到孩子们身上。比如，我就曾经请做律师的家长给孩子们做法律知识讲座，请做企业员工培训的家长给我们班孩子的家长开讲座，请开餐厅的家长帮孩子们联系烧烤场地，等等。家长们很乐意帮忙，孩子们很有面子，我也很省事，一箭三雕啊，多好的事！

孩子们的身份证号码。带班伊始，请孩子们把各自的身份证号码写给你。请各位注意：身份证号码是孩子们的私人信息，我们只能用来替孩子们在网上入保，或者提交报考信息。其他时候，则要好好保护孩子们的信息，千万不要随意泄露，孩子们一毕业，这些信息要立即删除。

孩子们的手机、QQ 号码。为何要留存这些信息呢？有些时候，因为忙碌，没有时间跟孩子们面谈，也有可能觉得在学校里跟孩子面谈不妥，就可以利用晚间或者假期给孩子们发个信息，表示对他们某个行为的欣赏与理解，让他们产生"天上人间，唯有你是我的知己"这样的欣喜感。当然，可以顺便再鼓励鼓励他们，这样一来，你想让他们不进步都很难。或者是师生之间有什么误会，发个信息，一看"泯恩仇"。也可以在 QQ 里留言表达自己的想法，留言可长可短，但要写得情真意切，把自己心里的真实想法真诚地、委婉地，以一种孩子能接受的方式表达出来。要相信文字的魅力！在我看来，文字是最能抵达人心的东西。很多时候，文字所产生的效果，要远远超过与孩子面对面说话的效果。有些孩子不喜欢被老师看到他们的 QQ 在网上挂着，我就告诉他们："如果你不喜欢被我看到你在网上遨游，那么你可以设置我上线你隐身，我纵使火眼金睛，也看不到你像个蜘蛛一样成天挂在网上。"这样一说，孩子们的顾虑打消了，每个孩子都把 QQ 号给了我。

孩子的生日表。孩子到学校来，通常情况下首先是来寻伙伴、找友谊的，其次才是来学习课本知识的。纵使孩子们明白"知识就是力量"的道理，他们在成长的过程中，仍然会感性地把很多时间投入建立和维护人际关系中去。因为在孩子们看来，知识再好，再能改变命运，也不能排遣他们内心的孤独。所以，孩子们一旦在没有情感归属感与安全感的班级，就不得安宁，就不会好好地成长。重视每个孩子的生日，每个月集中在某一天过一次生日，让每个孩子都得到关注，得到祝福。这样做，一来，孩子们的内心需求可以得到满足；二来，可以让班级人际关系和谐；三来，孩子们可以在每月一次的生日庆祝活动中慢慢形成自己的"朋友圈"。当孩子们在班里有了朋友圈，有了存在感和价值感时，他就不会渴望去找社会青年混了。

小礼物。有时网购，店主顺带送了我一些小礼物，比如小丝巾、小手帕、丝袜、打火机等，我都会好好收起来，具体怎么用，我当时也不知道，反正我都好好收着。有时，去一些会展中心看展览，工作人员也会送一些小礼品，比如手机壳、游泳圈、笔袋等，我也毫不嫌弃，精心收藏起来。还有一些到学校办公室来推销教辅资料的，资料我未必买，但他们送的一些笼络（呵呵，权当他们在笼络我）我心的小礼物，比如多功能餐具、笔记本、自动笔等，我也会喜不自胜地收藏起来。慢慢地，我的"百宝袋"里就有很多"宝贝"了。有时，某个孩子表现得特别突出，我就送一个小礼物给他，得到礼物的孩子开心得不得了；有时，某个小男孩的生日到了，恰好我又知道他跟他的母亲关系有些僵，我就会送一个小礼物给他，让他拿回去哄他妈妈开心。我心里则说："会哄妈妈开心的男孩，长大才会哄女孩开心，结婚之后才会哄老婆开心，我这个礼物送出去很划得来。"

…………

当我把我的"百宝袋"拿出去与网友们分享的时候，很多网友为我的爱心和细心而感动。其实大可不必感动，因为我自己也有这些需求，在满足自己需求的同时满足身边的人，这是多好的事！

不过，也有几个网友表示质疑说："班主任就是个教书的，把课上好、把班管好就对得起自己和学生了，还要做这么多的准备，难道班主任是保姆吗？"我说："班主任不是保姆！班主任首先是人，他所面对的学生，首先也是一个人。不论是老师，还是孩子，都必须满足一个正常人的基本需要，然后才可能有更高层次的需求。"马斯洛的需求层次理论老师们难道忘了？

还有老师说，我这些做法无非就是想笼络人心。就算我是笼络人心吧，那我能把人心笼络到，让这些孩子开心快乐，有什么不好呢？再说，我把人心笼络到了，也没干坏事，接下来做的，就是把我的专业知识通过我的专业能力，以一种愉悦的方式传递给孩子们，从而让他们健康、快乐地成长，这又有什么不好呢？难道非要孩子们一天到晚苦大仇深，或者闷闷不乐地成长，我们才开心吗？

最后我还想说的是，班主任的"百宝袋"是无限大的，只要你愿意往里面装，就能装很多的物品。每个老师的个性都不同，所装的物品肯定是有差异的。可是，不管你怎么装，都要把学生的需求装在自己的心里。同时，不能只装物品，还必须把爱装进去！只有让孩子们感受到你对他们真正的爱，并且那份爱又是他们所需要的，你后面的工作开展起来才会轻松很多，并且效果也会明显很多。

牢记这些"三字经"

众所周知,《三字经》是传统的启蒙教材,我这里讲的"三字经",则是我工作多年总结出来的带"三"字的"经"。

进门"三看":看表情、看桌面、看地面

俗话说"出门看天色,进门看脸色",这么说来,观察尤其重要。而作为班主任,第一项基本功就是要善于观察。如何观察呢?根据我多年的经验,那就是进教室要多看,有针对性地看。先看学生的表情。孩子始终是孩子,不可能像成年人那样善于掩藏心事,往往把心事写在脸上。或者是和同学吵架了,或者是和父母斗嘴了,或者是考试失败了,或者是被老师批评了,或者是莫名其妙就心情郁闷了……这些都会让表情爬满脸庞。班主任关注学生的表情,关注学生的内心,然后及时走进学生心中,很多问题就可能消灭在萌芽状态。我还记得我班的学生小宇,有天早晨我进教室看见他黑着一张脸,眉宇之间有一股邪气,也有点儿心神不定,下课之后赶紧找他。经过反复询问、交谈,得知他在校外找了一帮人准备与初三的学生打群架。我与小宇谈了很久,终于让他打消了打群架的念头。试想,如果我没留意小宇的表情,看不出他有心事,那么等待我的就是怒气冲冲地处理群殴事件了。

看桌面,则是看学生的桌面是否干净、整齐。我一直认为,一个人的生活习惯,直接决定着他的生活质量。一个爱干净、爱整洁的孩子,他的心灵也趋向于干净、整洁。孩子们在干净、整洁的环境中学习和生活,有利于搭建他们的心灵花园。

看地面，则是看地面打扫得是否干净。地面的洁净度体现着当天负责清洁的值日生的责任心。一个有责任心的孩子，会把属于自己的事情做得很好；反之，则一团糟。经常这样看，然后进行比较，孩子们的责任心就可以慢慢培养起来。

课堂"三有"：有书、有笔、有本子

有人说"习惯不是成就你，就是毁灭你"。对这句话我从未产生过半点儿怀疑。教育家陈鹤琴先生则说："习惯养得好，终生受其益；习惯养不好，终生受其累。"事实上，习惯既是一种惯性，也是一种能量的储备，只有养成了良好的习惯，才能发挥出巨大的潜能。孩子们的习惯除了生活习惯外，还有学习习惯，今后还有工作习惯，这里主要谈学习习惯。

我的课堂规矩是，学生在课前必须做到"三有"——有书、有笔、有本子。如果没这"三有"，我就不上课，直到学生课桌上有了这三样东西，我才会清清嗓子，开始上课。我看到有些班级的学生课间在室外打闹，上课就傻傻地坐着等老师到来。老师讲了好一会儿，有些学生连书在哪里还不知道。等到要做作业了，笔和本子又不知去向，于是就听到一阵找笔、找本子的声音。一堂课只有 40 分钟，做无用功就要花去差不多一半时间，课堂效率从哪里来呢？

课间"三听"：听学生说、听老师说、听领导说

光是看和做，还远远不够，班主任还要善于听。不是有一句话叫作"听君一席话，胜读十年书"吗？那么该听谁说呢？

首先要听学生说。学生是我们教育的对象，也是我们接触时间最长的一群人。他们的烦恼、他们的辛苦、他们的意见，都可以通过口头语言表达出来。班主任要善于倾听学生的心声。只有你喜欢听，学生才喜欢说。孩子的心是最柔嫩、最脆弱的，如果哪一次忽略了他的心声，他的心灵就很容易锁

上。一旦孩子的心灵锁上了，我们再想走进他的内心世界就难上加难了。

其次要听老师说。班主任不可能每堂课都守在教室里。有些学生在班主任面前是会伪装的，因此，科任老师更容易看到事情的真相。所以，班主任要多听科任老师说，不要护短，而要真诚地聆听科任老师的述说，然后及时地把事端消弭于无形。

当然，也要听领导说。领导一般是从教师岗位走上去的，在担任领导职务之前多半是一线的骨干，所以对学生的问题他们很清楚。另外，他们做了领导后，外出学习取经的时间比一线教师多，会带回许多具有指导性的意见。因此，我们要多听领导的建议，多听领导的指导。只有将理论与实际结合起来，工作才会事半功倍。

闲时"三动"：动口、动手、动脚

班主任的工作时间不是固定的，班主任随时都要整装待发，因此也就无所谓忙与闲。但是，工作之余，忙中偷闲那阵儿，班主任要舍得"三动"。

一是"动口"。不要害怕自己啰唆，虽然说得多了，学生会嫌你啰唆，但你若缄口不言，学生也未必喜欢你。因为多数学生是缺乏自控力的，他们既需要善意的监督，也需要及时的提醒。我还记得我曾经送走的"猴儿班"，他们有一阵子嫌我说得太多。我感到委屈，赶紧遵命闭嘴。结果几天下来，班级秩序涣散，因为有些自控力差的孩子一旦缺少老师提醒，就不知道如何做了。后来他们说："啊，还是猴王啰唆点儿好啊！至少，我们听到了她的啰唆，知道她的存在，知道她在乎我们。"

二是"动手"。我不喜欢那种叉着腰颐指气使的人，更不喜欢双手环抱看热闹的人。我喜欢那种凡事动手的人。学生劳动、学生运动、学生活动时，如果我们都做旁观者，的确会轻松很多。偶尔旁观一次，也未尝不可。但如果长期如此，那就大不妙了。学生在做，老师在看，那是在两个阵营，两个阵营的一般是敌人；如果学生在做，老师也在做，那是在一个战壕，一个战壕的人一般是战友。因此，感情深浅不同。而学生判断老师好坏，首先是从感情出发的。所以，班主任要舍得"动手"，把自己置身在学生的阵营中，工作起来才会得心应手。

三是"动脚"。这种说法或许有点儿牵强，但我以为，一个脚不勤的班主任开展工作只是闭门造车而已。所谓"动脚"，就是经常移动自己的"脚"去跟班。班级是需要跟踪的。不跟踪，难以掌握真实情况。得不到真实情况，班主任在说话、做事、评价的时候往往会有失偏颇。一旦出现偏颇，班主任就把自己和学生对立起来了。想想，两军对阵会是什么结局？

胸怀"三心"：爱心、耐心、佛心

如果说前面的都属于班主任的实际操作行为，那么胸怀"三心"则是支撑以上行为的理念。一切行为都会受到态度和理念的支配。比如张万祥老师，他从教几十年，受过非难，受过打击，受过误解，但都挺过来了，并且对教育始终不离不弃，爱到极致。退休之后还在网上收徒，成为教育界的佳话，而他也因此成了一位受人尊敬的"青春老人"。是什么支撑着张老师这样做呢？就是他对教育的痴爱，爱到骨子里的那种精神。

因此，班主任要做好学生工作，当好领头雁，在我个人看来，用不着太崇高的理由，也用不着太圣洁的思想，只要胸怀"三心"即可。哪"三心"呢？

一是爱心。夏丏尊先生说："教育之没有情感，没有爱，如同池塘没有水一样。没有水就不成其池塘，没有爱就没有教育。"可见爱是教育的源泉，爱是教育成功的原动力，爱是教育的法宝。只有用爱去赢得学生的理解和信任，教育才是有效的。关于爱的教育，有很多著作已经说得很详尽了，在此不再赘述。

二是耐心。说到爱心，很多教师都说很容易。爱孩子嘛，这多容易，只要去接纳他，关心他，尊重他，不就完了吗！的确，爱并不困难，但要爱得有耐心，就不是每个班主任都能做到的了。好多班主任都有一种恨铁不成钢的心理。因为学生不成钢，心里着急，心里恼恨。其实，依我说，既然学生不是钢，干吗不让他做铁呢？班主任只有端正了心态，耐心才会出来。没有耐心的爱，那是蛮横的、粗糙的爱，那样的爱往往是费力不讨好的。因此，班主任一定要对学生爱得有耐心，爱得长久。

三是佛心。这是爱的最高境界。记得有这样一个故事。

一个小和尚耐不住佛家的寂寞，常常半夜趁着老和尚休息后，偷偷翻越围墙下山。因为墙头偏高，于是在墙根下垫一块石头，出入便可踏之上下。小和尚侥幸下山数次。偶然间，老和尚发现了那块石头，并暗中目睹了小和尚的一举一动，很是痛心，却没有立即揭穿他，而是镇定后冷静思考：如何想出一个两全之计，既不让徒儿难堪又让其改邪归正。

这天夜里，老和尚发觉小和尚又翻墙而去，便胸有成竹地坐在那块石头上。小和尚开心归来，爬墙一跃而下，落地处却是师父的肩膀。师父笑笑说："我给你当台阶，是不是更方便些？"小和尚吓得魂飞魄散，而后是深深的懊悔。从此，静心修炼。

这便是爱，一种充满佛心的爱，当然，这个佛心能产生作用的前提是小和尚有足够的慧根，他能自我开悟。所以，拥有佛心是必需的，但如何使用佛心则要看对象，不可盲目照搬。

其实，每个班主任心中都有自己的"三字经"。只要我们心中充满爱，科学做教育，真心待学生，不管哪一种"三字经"，都是好经！

让学生把错误条带回家

我看到有不少班主任经常一番好心地向家长汇报孩子在学校所犯的种种错误。汇报的次数多了，班主任不仅会遭到学生的厌恨，也会引起家长的不满。

如果大家觉得那只是猜测，我可以现身说法。

有段时间，我自己的孩子学习状态不是很好。他的老师总跟我说："你那孩子学习习惯不好，听课的专注度不高；舍不得吃苦，懒惰得很；不喜欢与人交流，做事被动。"听到这些评价后，我嘴上应道："好，好，等孩子回家，我跟他好好聊聊。"但我心里有一种被小看的焦躁情绪。后来，他的老师又跟我说："你的孩子好像与女生在交往，是不是在早恋啊？"我勉强应着，说自己马上会跟孩子深谈，但心里慢慢裹了一层寒意。再后来，我看到孩子的那个老师就会下意识地躲避。在我的内心深处，总觉得有个一戳就烂的疤：家长是孩子的第一任老师，我的孩子表现得不够好，那就说明我不够好，我就是一个不合格的家长，还有什么脸面去见孩子的老师呢？

将心比心，我从来不在家长面前否定他的孩子，反而尽可能地挖掘潜藏在孩子身上的积极因素，然后对孩子进行正面的评价。

那么，是不是我只说孩子的好，孩子就一定会好呢？那也未必。虽说好孩子是夸出来的，但每个孩子性格各异，成长背景不尽相同，并非都适合套用"老师把他夸成什么，他就会变成什么"的公式。每个孩子都有他独特的生存法则，一般都会揣摩每个老师的言行举止以及性格、脾气，摸准了，能欺负的就欺负，能钻空子的就钻空子。这是人性，并不是说孩子坏。然而，如果孩子犯的所有错误都被老师掩盖的话，他就会有恃无恐。宽容的结果未必都是积极的。

可班主任若直言不讳地告诉家长，他的孩子在学校是多么不堪造就，实际上就是给家长难堪。再说，家长是班主任强有力的教育合作者，万万不可将其推到对立面去。

那我是怎么做的呢？

孩子犯了错误，若是轻微的、常规方面的，我会告诉他下次怎么做好，就行了。如果错误是原则性的，我肯定要批评，是和风细雨式批评还是暴风骤雨式批评，要看对象、场合以及错误的轻重程度；批评之后是否动之以情，晓之以理，也要看对象是不是听得进去；最后是惩戒，按我事先就制定好的班规处理，对事不对人。这些工作做完后，我会让学生把他所犯的错误以"叙述＋议论＋反思"的方式写在错误条上，然后让我过目。我读过，若感觉到孩子的反思比较真诚，就会签下我的名字，最后再写一句："请家长根据孩子的情况做出恰当的处理。"末了还来个括号，在里面补充一句："切不可打骂孩子！"随后叫学生将错误条带回家，让家长阅读后签字，第二天再带回学校交给我。

虽然学生悔恨不已，但我还是会坚持让他把错误条带回家。

第二天，往往是这样的情况，错误条带回来了，家长的电话也打来了。家长除了道歉就是自我检讨，最后还不忘说几句感谢的话。

多年来，我和家长从未因为学生犯错误产生过矛盾。相反，我和家长都是站在同一条线上。不论到哪里，没有家长说过我的坏，他们只说我的好。为什么呢？我想，最主要的原因就是，每个家长都认为，我看得起他们，并且态度很真诚。

执行任务要懂得变通

"钟老师，你看，小琦写的目标责任书，真是把我气死了，"班主任大李递给我一张 16 开的纸，指着纸的下端气愤地跟我说，"他就是存心气我，他就是态度不端正！"

我接过大李递过来的目标责任书，低头一看，分数那栏没填，最后一栏赫然写着："凭什么我没考好还要受到惩罚？我没考好，我都难受死了，还要惩罚我，凭什么？老师就是贱！我说的是真话！"

"别的同学都写我要是没考好就少吃一顿饭，或者是到操场上跑两圈、晚睡半个小时、寒假不出门玩……"大李在我耳旁唠叨，"他干吗要这样写？这孩子别看他人小，表面上很单纯，实际上心思可复杂了。初一的时候是个多好的孩子啊，怎么到了初三竟这么叛逆？是不是青春期来了呀？"

我嘴上安慰着大李，心里面重重地叹了口气。事实上，这件事与青春期无关，更与小琦的品质无关，而是跟班主任大李的做法有关。

这究竟是怎么一回事呢？

那天早上，年级领导给每个班主任下发了一沓目标责任书，说要利用班会课让学生把这份目标责任书填好。

我一看这份目标责任书头就大了。上面的内容是：在此次模拟考试中，你准备语文考多少分，数学考多少分，英语考多少分……总之，凡中考科目都要填出自己的目标分数。接下来是要保证自己在此次模拟考试中，班级名次上升多少名，年级名次上升多少名。如果做不到，本人郑重承诺，将要接受以下四种惩罚。惩罚的内容当然得学生自己填。年级领导怕班主任不开窍，还特意在班主任 QQ 群里授意，比如，惩罚这项可以启发学生填：做 100 个深蹲、跑 5 圈、做 50 个俯卧撑、罚抄古诗 20 首，等等。

这显然是一份不具有可行性的目标责任书。年级领导不过是在一厢情愿地做自己认为对的事情。

其一，一个人定的目标，一般是比较隐秘的，可以算得上是隐私，你让他昭告天下，不是让孩子睁眼说瞎话吗（我承认有些孩子会诚实地把自己的目标公之于众，但那只是少数）？

其二，这种把目标与惩罚挂钩的做法，显然是包藏祸心的，孩子们会看不出来吗？孩子们知道达不到目标要受惩罚，那么在制定目标的时候就会无限降低，这样，一件很庄严的事最后就会变成一场游戏。

其三，孩子不是傻子，干吗要给他们一个明晃晃的圈套让他们钻呢？明摆着会将学生与班主任置于对立面嘛！

在我看来，这份目标责任书可以让学生看看，让他们在心里定一个目标就可以了，根本没必要让黑字落到白纸上。

可是，这是上级下达的任务啊，要是不执行，得罪了领导怎么办？当然没必要得罪领导，但是，也不能让学生抱怨啊。这里面就有一个平衡之道了。

如果这份目标责任书领导要过目，那班主任就自己做份假的交差（以我的经验来看，拿出这种管理手段的领导，通常都是只想管不想理的，大多数情况下是不会过目的）。如果领导只是下发目标责任书，怎么操作是班主任的事，那么班主任就没必要理会了，可以按照自己的设想，把着眼点放在孩子的积极成长上，上一堂别开生面但又涉及目标的班会课即可。

我的做法是，利用班会课给孩子们介绍了林清玄，让他们看了林清玄在《开讲啦》节目中的演讲《不怕人生的转弯》。下面是我开班会的情况，整理如下。

上课铃响过，我手上拿着一叠纸（就是年级领导下发的目标责任书）进了教室，孩子们好奇地问我："要做'甜点'（语文课堂的课前小测试）吗？"

我笑着说："我何曾用过班会课做'甜点'了？"

孩子们不再说话，疑惑地看着我手上的一叠纸。

我一边给孩子们派发手中的纸一边说："'一模'考试将近，学校要求我们每个同学就自己的实际情况制定合理的目标，并郑重地填在目标责任书上，你们意下如何？"

孩子们先是纳闷，然后问："是什么目标啊？"

我说："就是根据自己的情况，你认为你在考试中各科能考多少分。相比期中考试，你的班级名次要上升多少名，年级名次要上升多少名。如果达不到目标，你打算接受怎样的惩罚。"

孩子们"哄"的一声炸了锅，低头急急地看手中的纸，说："这是什么目标责任书哦，为什么我们没达到目标就要受惩罚？还有，每次考试的题深浅不同，我们怎么知道最终能考多少分啊？"

有孩子还问："如果没达标，那老师会不会受到惩罚？"

我笑着说："严格讲，老师也该受到惩罚，不过目标责任书中没有提到这一点。"

孩子们异口同声地抗议道："那很不公平啊！"

我说："我也觉得不公平，所以我们干脆不填了。"

全班孩子欢呼。

我顺势问："那请各位扪心自问：你有目标吗？你离自己的目标还有多远？你遇到困难时有没有想过要放弃自己的目标？请闭目三分钟，冥想自己的目标以及如何去实现自己的目标。"

孩子们闻言赶紧闭目思考，整个班级一片寂静。

三分钟时间到，我说："目标是自己的事，实现目标也是自己的事，希望大家重视自己的事。好吧，今天咱们来认识一个人。据我所知，咱们班有同学读过他的书。"

说完，我用PPT展示了林清玄的照片，问孩子们："他是谁？"结果全班孩子无一人认识。我笑着说："长得这么有特色，不认识？"孩子们不语，羞涩地低着头，有的还抿着嘴羞报地笑。

"火云邪神，"突然，靠窗而坐的小林兴奋地指着林清玄的照片说，"我想起来了，他是周星驰电影《功夫》里的'火云邪神'。"

全班爆笑，我也笑了，说："那就暂定为'火云邪神'吧，我们再来欣赏'火云邪神'的英姿。"

孩子们开始指着"火云邪神"大声议论……

看完照片，我用PPT出示了林清玄的简介。孩子们盯着PPT看得很认真，看着看着就忍不住读了出来。随后，嘿嘿收声，不再议论。

我说："这就应了'人不可貌相，海水不可斗量'这句话啊！林清玄有没有料，光看文字还不足以证明，我们来听听他怎么说。"说完，我就播放事先准备好的视频。

听到林清玄说自己有个女粉丝见了他，给他写了封信，说他太像"火云邪神"了，真是相见不如怀念，孩子们简直要笑得躺到地上去了。

林清玄的这个演讲，重点讲了他的三个人生目标：当作家、去埃及、娶一个像奥黛丽·赫本一样美丽的妻子。这三个人生目标在他的努力下都一一实现了。

林清玄的演讲诙谐、幽默，又贴近孩子们的心理需求，所以他们听得笑声连连。看完后，我说："没有目标的人生，肯定是没有方向的人生；有了目标不去努力实现的人生，则是荒废的、惨淡的人生。目标能否实现依赖很多因素，但不管能不能实现，保持我们的上进心，天天向上，则是必需的！我当然希望每个同学都能在'一模'考试中实现自己心中那个目标，但我更期望看到你们在实现目标过程中付出的那份努力、那份坚持！"

二十来分钟，我就把班会课上完了，剩下一些时间，我说："你们根据自己的需要安排吧，我也要干自己的活了。"说完，我低头看书。

孩子们也闷头复习了，教室里安安静静的。

回头再来说其他班主任。办公室里炸锅了，他们都被孩子们写的乱七八

糟、千奇百怪的目标责任书气得要命，连连感叹现在的孩子怎么这么难管啊！孩子们难管吗？恐怕是没有找到合适的方法吧！

作为班主任，执行上级下达的任务没有错，但如果不看任务内容，不加变通地盲目执行，那就有些错了。

把缺点说成特点

这天下午，我到学生樱子家去家访，接待我的是樱子的父亲。一坐定，樱子的父亲便迫不及待地问我："樱子在学校表现不好吧？"我笑笑说："与表现无关，是想与您交流一下，听听您对她的要求，或者对老师有什么建议。"樱子的父亲听我这样一说，顿时松了一口气，于是就与我谈开了。

樱子的父亲是常年在外工作的人，见多识广，非常健谈。他说他女儿的梦想很多，并且不断变化，有时说想当音乐家，有时说想当画家，有时又说想当白领，不过都是一些不着边际的空想，从来没为哪一种梦想努力过。我笑着说："有梦想总比没有梦想好，一个脑子苍白的人，是不可能有出息的。"谈到作业量的问题时，他大声地说："老师啊，你们布置的作业太少了，就是要多布置一点儿作业，让她没时间看电视。"对于这个问题，我只能笑笑说："期末考试延期一周，复习时间比较充足，为孩子身体考虑，各科老师都压缩了作业量，家长也不必强求，看看电视也无妨。"樱子的父亲闻言也不再说这个事情了。其实，就我个人来说，只要把课堂抓紧了，把课堂效率提高了，应该尽量把时间交给孩子自己支配。但家长总希望老师给孩子多布置一些作业，以为作业多就可以把孩子困在家里，结果却并不见效。

待樱子的父亲把要说的、想说的话都说完了，我才慢慢开口说："我今天来，一是想与你们打个照面，下学期，我就要正式担任樱子的班主任了，总不至于一个班主任，连自己学生的家长都不认识吧！"正说着，樱子的奶奶回来了，一看到我，就惊喜地招呼我。我纳闷地问："您怎么认识我啊？"樱子的奶奶笑嘻嘻地说："我听你原来的学生和学生家长说的啊，当时樱子小学毕业，我们就定了要读你的班，哪知道你走了，我们气得够呛！现在你回来了，我们大家都高兴得很哦！"樱子的奶奶说了这几句后就不再说话，而是笑吟吟地看着我们。我继续对樱子的父亲说："我来的第二个目的就是想说说樱子，请你放心，不是缺点，是她身上有一些特点，我们要引起高度重视。因为特点既可以转化成优点，也可以转化成缺点。"樱子的父亲点头认可我的说法。

"就我对樱子的观察，我发现她是一个'水型人'。水，是柔软的，是没有贬义的，有个成语叫作'上善若水'，讲的是水可以滋润万物，却不与万物争高下。'水型人'引导得法，今后就会成长为一个谦恭、柔和、善解人意、受人喜欢的人；反过来，由于水容易受到外界的塑造，所以也容易改变自己的本性。比如，水装在盆里就成了一个盆的形状，装在桶里就成了一个桶的形状。这样的孩子如果遇到生命中的贵人，一定能走向光明；如果遇到坏人，也有可能走向黑暗。所以，我希望你们能多关注樱子的人际交往情况，同时培养樱子的主见。家里有什么事情，尤其是她自己的事情，尽量让她自己拿主意，能够让她自己选择的就尽量让她自己选择。只是有一个要求：做人要有主见，做事要有底线。主见是需要慢慢培养的，至于底线嘛，家长与孩子一起商量，可以形成书面文字。"我尽可能委婉地把樱子的不足用体面的语言表述出来。樱子的父亲听得直点头，说今后一定引起重视，过年后，他一个人出去打工，让老婆在家里好好管樱子。

"樱子有一个特点，就是多情。"樱子的父亲听我这样一说，惊疑地望着我。我笑着对他说："多情不是缺点，如果能遇到好男人，多情的女子一定会营造一个幸福的家庭；相反，如果遇到不负责任的男人，那么多情的女子最容易受到伤害。中国有句古话叫作'痴情女子薄情郎'，这就说明多情的女子最容易遇到薄情郎、负心汉。所以，我们要引导孩子，告诉她与男生交往时，要看重男生的品德，不要与一些不三不四的男生交往。另外，就是要告诫孩子不要过早把感情寄托在某个人身上，人是最容易变化的动物，尤其是青春期的孩子，感情极不稳定，很多多情的女生把最宝贵的光阴用在一些在她们看来最圣洁的感情上去了。结果到头来，感情没有了，时间流逝了，学业也荒废了。"我微笑着缓缓说道。樱子的父亲有点儿激动，接着我的话说："老师啊，我就是担心这个啊，所以赶紧叫老婆回来，我就怕她万一乱交朋友，到时弄出事情来了，一辈子都抬不起头。"我笑着安慰道："也不用那么紧张，樱子只是有这个特点而已，知道了这个特点，做父亲的就要多给她父爱，只要她得到足够的父爱，她就不会去寻找爱的代替品。"樱子的父亲听我这样一说，又高兴起来，说："老师说得对，我们今后要多关注她，尽量让她感到我们做父母的都很在乎她。"我心里暗暗高兴，这个棘手问题终于被我巧妙地说了出来。事实上，樱子的确有早恋倾向。只是她爱恋的那个男孩已经离开学校，她对那个男孩还痴痴地念想不停，以至于上课经常发呆。如果她的父母能多关注她一点儿，尤其是做父亲的能够多给女儿一些父爱，我相信，樱子会慢慢淡忘那个男孩的。

"樱子还有一个特点，其实也不用大惊小怪，那就是懒惰。懒惰也并不是什么缺点，我以为把课堂效率提高了，把学习搞好了之后再懒就是一种智慧。相反，如果是提不起兴趣，什么都不想做，只想着如何玩，这种懒就是没有效率的懒，犹如懒惰的农民不播种，懒惰的工人不生产。这种特点我们怎么引导呢？在家里，家长要给孩子制定目标，这个目标要符合孩子的实际，要能通过努力达到；如果，目标定得太高，孩子无论如何都达不到，就会自暴自弃。另外，要让孩子参与家庭管理，让孩子做家务。"说到这里，樱子的父亲表示一定会监督好孩子，让她做好家庭作业，让她帮家里干活，也要给她制定合理的奋斗目标。

我想，家访到此就该结束了。以上几个所谓的"特点"，其实就是樱子的缺点。只是，我换了一种说法，家长更容易接受，所以这次家访非常成功。家访的目的是什么？就是争取家长，让他们自觉、自愿地参与到对孩子的教育中来。

让学生心服口服地接受惩罚

夸美纽斯曾经在《大教学论》中明确指出:"我们可以从一个无可争辩的命题开始,就是犯了过错的人应该受到惩罚。他们之所以应受惩罚,不是由于他们犯了过错,而是使他们日后不再犯。"

只是,这惩罚里头有乾坤,没有智慧和担当的老师用起来麻烦甚多!

首先,我要说明的是,"惩罚"绝不等同于"体罚",这是两个完全不同的概念,切勿混淆。

其次,要明白惩罚的目的是推动孩子心智成长,避免再犯错误,所以教师在惩罚学生的时候必须倾注满腔的真诚与爱心,要让学生心服口服!

那么我的学生犯了错误后,我是如何实施惩罚的呢?

惩罚之前我会做一件事,那就是与孩子们一起商议,找出存在于班级中或者各个孩子身上的各项问题,并且是反复出现的问题,然后根据这些问题制定惩戒方案。比如,恶意给同学取绰号,取绰号的同学要先给被取绰号的同学道歉,再给这个同学取几个文雅、美好的绰号并进行广泛宣传;比如,说脏话的学生要写出不少于 50 个文明、优美且文雅的人际交往词语;比如,上课看课外书,那么下课后要写出不少于 500 字的阅读心得,两周之内不可借阅班级图书馆的杂志。

惩戒条例总共多达 30 条,完全是由孩子们制定出来的。制定方案的时候我当然不会放任不管,我会提出我的建议,也要把关。当然,这个方案还要取得每个孩子的认可。如果有个别孩子不同意某些条例,我会与他们进行开诚布公的交流,采纳他们的建议后对方案进行反复修改,直到每个孩子都没有异议才实施。

就算惩戒条例确定了，我也不会急于惩戒，而是给犯错的孩子几次机会。我一贯秉持"事不过三"的原则。比如，科代表反映说，某个同学总是在课堂上说闲话干扰老师讲课、同学听课。对此，我该如何贯彻我的"事不过三"原则呢？

如果是第一次在课堂上讲闲话，我只是笑笑，丝毫不指责，与孩子们一起分析课堂上讲闲话的利弊，教他们如何控制自己说话的欲望。孩子们第一次犯错，我绝不会责问："你究竟是怎么回事？"更不会黑着脸骂："你脑子有病吗？"我只是不断地想："他为何要这样做呢？"然后努力地去寻找问题的根源所在，找到之后再对症下药。

孩子第二次在课堂上讲闲话，我仍然不指责，笑笑说："没事，理解，人嘛，哪有不犯错误的？犯了错不要紧，要紧的是赶紧改正啊！"说完这话，我仍会去关心这个孩子究竟是在哪个方面遇到了困难，能帮其排除的一定帮忙排除，排除不了的我则根据具体情况放宽对其要求，绝不会强人所难。

孩子第三次在课堂上讲闲话，我会笑笑说："孔子最爱颜回'不二过'（即重复的错误不犯）的品质，我也最欣赏'不二过'的孩子，你现在是第三次违规了，我得提醒你，或者说警告你，事不过三！再犯，你就必须为你所犯的错误付出代价！"

孩子第四次在课堂上讲闲话，则严惩不贷！

正如奥古斯丁所说，惩罚是对正义的伸张。马卡连柯也说过，凡是需要惩罚的地方，教师没有权利不惩罚，在必须惩罚的情况下，惩罚不仅是一种权利，而且也是一种义务。犯了错就要接受惩罚，这是再明确不过的教育常识了，没有必要再去讨论该不该的问题。再说，所谓师爱，不就是推动学生的心智成长吗？学生一而再，再而三地做出不良行为，老师却不对之进行强制纠正，这样的师爱令人难以置信！

只是当下惩罚造成师生关系恶化，甚至学生为了反抗惩罚不惜自寻短见的新闻频频见诸报端。不论是老师，还是孩子以及家长，都输不起！所以惩罚前需三思而行！

如果我的学生犯了错误，并且破了"事不过三"的原则，我就会事先把学生的违纪情况调查得清清楚楚，并且还要找当事人心贴心地谈话，目的就是让他认识到自己的不良行为给自己、给他人，以及给班级带来的不良影响，然后问他心里是否准备好接受惩罚了。当孩子说他心里做好了准备时，我才会实施惩罚。就算做到这一步，我还是很谨慎，我会给他一个违纪学生反思说明书，让他冷静、理性地填好，交给我。

违纪学生反思说明书

姓　名	违纪时间	违纪类型	应受惩罚
1.你做了什么？（描述）			
2.你为什么这样做？			
3.这样做的不良后果或危害是什么？			
4.今后该如何做才能避免造成此类不良后果？			

☆谨记：见贤思齐焉，见不贤而内自省也。

我会根据学生所填的内容再一次找学生谈话。我真诚地问他："你所填的内容是否属实？"他说属实。我再问："你心甘情愿接受惩罚吗？"他说心甘情愿。我还问，这次是笑着问："你不投诉我？你不回家跟家长乱说？"听我这样说，他笑得很欢，摇头摆手，忙不迭地解释："不会不会，不会啊！""那好！一言既出，驷马难追！实施惩戒！"我脸色一正，霸气十足地说道。

当然，最后我还不忘当着他的面把这份违纪学生反思说明书精心地收藏到我的文件袋里，调侃道："这白纸黑字，铁证如山，我要好生收藏，等到咱们20年后再相聚时，我给你孩子看看，怎么样啊？"他能怎样？求我呗，说收藏可以，千万别拿出来给他小孩儿看，保证今后不再犯了。呵呵，到此，我大获全胜！如果有难缠的家长，认为我惩罚他的孩子不应该，那行啊，请他到学校，把文件袋里的如山铁证拿出来请他过目，他还好意思说三道四吗？

这样的惩罚属于常规性惩罚，但别小看它，做到极致，就是最漂亮、最能服人心又最能自我保护的惩罚模式。

有些时候，那些悟性比较高、教育成本特别低的孩子犯了错，就不必用这种方式去惩罚他。我们可以把惩罚变成行为艺术。

比如，我班的学生小东，因不满体育老师将周五的体育课时间全部用来练篮球，故意在体育老师上课时吹口哨，被制止之后仍然我行我素。体育老师一气之下将其投诉到我这里来。

"干吗在体育课上吹口哨呢？"我笑问。

"我吸气时不小心吹出来的。"小东答。

"那他制止你之后你怎么还一意孤行呢？"我追问。

"嗯，呃。"小东张口结舌。

"应该还有其他原因吧，告诉我，我会理解你的。"我柔声且真诚地说。

"我们都希望周一下午体育课练篮球，周五下午体育课练跑步，可体育老师不答应。"小东回答。

"有什么不好吗？"我疑惑地问。

"周五下午练篮球，球场都被高中同学霸占了，我们根本靠不拢球场。"小东不满地说。

"那你们有没有把你们的诉求告诉体育老师呢？"我问。

"没有，只是大家私下议论，没有正式跟体育老师提出来。"小东说。此时，他的不满变成了扭捏。

"好！我帮你们跟体育老师沟通。不过，你必须为你所犯的过错承担责任。你的违纪记录已经超过三次了，所以这一次你必须受罚。怎么罚呢？"我故意沉吟着。

"由老师你定。"小东一副坦然受罚的样子。

"好！我定！违反课堂纪律，首先要向体育老师道歉，这是大家制定的惩戒条例之一。至于你在课堂上吹口哨，屡禁不止。很好！你有这个才能，我就要帮你发扬光大。给你一周、两周，甚至三周都可以，用口哨把咱们的班歌给吹出来，在6月份的'创意生日会'上，吹给大家听，正好给大家助助兴！"我慢条斯理、一本正经地把我的惩罚方法提了出来。小东"啊"的一声睁大双眼，不过马上又恢复了正常，说："我服从，我没意见，我一定做到！"

向孩子们宣布对小东的惩罚意见时，所有孩子都乐得鼓掌。我这可是给他们提供了一个寻开心的机会啊！而小东呢，先是尴尬一笑，然后打肿脸充胖子，说："我不会让你们失望的。"

惩罚的方法有很多种，但不管怎么惩罚，一定要让学生服气，并且愿意接受。教师切不可意气用事，或者用自己的"霸权"强压，但凡带着真诚之心和公平之心，带着帮助学生成长的心去惩罚学生，学生一般是不会恶意抵触的，并且还能收到不错的效果。于学生，无伤；于老师，无损；于家长，无怨。大家皆大欢喜，一起成长，多好的事！

背后夸赞你的学生

　　绝大多数老师都善于运用表扬的手段来激励学生，这当然能起到一定的作用。有的孩子，老师越表扬，他就越来劲儿，尤其是被当众表扬，他会相当受用，效果也相当明显。但是有的孩子，虽然内心也渴望被表扬，但他的心思不如前一类孩子那般简单，老师表扬他了，除了开心之外，他还会想：老师为何要表扬我？我哪里值得表扬？老师有什么目的？心态积极的学生，固然会将老师的表扬化作前进的动力；心态消极的学生，老师的当众表扬就有可能起反作用。

　　我这样说，并非是反对当众表扬，相反，我认为当众表扬不仅重要，而且必要，这里面有许多道道，需要老师们自己在实践中去琢磨。

　　我以为，除了当众表扬之外，还有一招极其重要，效果远超当众表扬。这是什么招？很简单，就是背后夸赞。

　　我曾经遇到一个女孩子，阅读面相当广（初一时就读了王小波、周国平的著作），很有个性，也很有思想（在校园里看到某些不良现象，她就要撰文批判，甚至对老师的教育理念也要撰文进行分析）。她自恃才高，在课堂上总会发出各种声音，老师们称之为"不和谐的课堂杂音"。很多科任老师都认为这个女孩子桀骜不驯、自以为是，对她颇为不满。班上孩子也认为她不好相处、好出风头，有些疏远她。

　　课余时间跟孩子们聊天，他们也会跟我讲一些关于她的话题。每次他们说到她上课发出杂音是多么令人讨厌时，我就会说："上课发出杂音这个行为确实不好，影响老师讲课，也干扰同学听课，不过，你们发现没有，她发出的杂音非常有价值啊！我从这些杂音里听出了她读书非常广泛、视野非常宽阔、思考非常深刻、个性非常独立等优秀品质。我可以肯定地说，有一天，她变得非常优秀无须自我表现后，那些杂音就会自个儿消失。对她，我充满信心，我相信她今后不论做哪一行，都是那个行业的精英！"

我不仅在孩子们面前力赞她的优点，在科任老师那里也说她的好话，更是经常在她的家长面前挖掘她的种种长处，但我当众表扬她的时候并不多，即便表扬，也是点到为止、轻描淡写。

她颓废了吗？非也！学习越来越优秀，文章写得越来越有深度，对老师和同学也越来越有礼貌。这是为什么呢？当然，原因之一是，她本身就是一个素质很高的小孩儿，只要她愿意，就一定能做到。关键是，她同时也是一个桀骜不驯的孩子啊，如果要废掉自己，也相当容易，那么还有什么原因呢？

后来我从她妈妈那里知道了答案。她妈妈告诉我，女儿说天上人间唯有钟老师是她的知己，所以她要"士为知己者死"，一定要努力改变自己，成长为钟老师期待的那样，同时，那也是最真实的自己。

这个女孩果然一路扬帆，到达了她的理想地。可能有读者会说，你这是个案，这孩子本身就极其聪明，所以背后一点就通了。有些孩子是榆木疙瘩，不论你怎么点都不通。我承认，有些孩子确实悟性差些。但是，你始终要相信，没有任何一个人会对背后赞美他的那个人充满敌意，反倒是很容易怀疑你当面一而再，再而三表扬他的目的。

教给孩子爱的秘诀

苏霍姆林斯基说，没有爱，就没有教育。这已经是教育常识了，无须讨论为什么。关键是，我们该如何爱？用嘴巴？过耳就忘！用文字？扭头就忘！收藏于心？无人能知！在我看来，爱的最大秘诀便是，用行动去呵护他人的心，也就是爱人要爱心，要爱到他人心里去。

作为班主任，先要学会爱，懂得智慧地表达爱，尤其是要弄清楚学生需要什么样的爱，然后根据学生的需要给予合理、合情、合适的爱，再传授学生爱的秘诀。我始终认为，爱是需要学习的（从读书和实践两个方面去学习），更是需要传授的。没有人生下来就会爱，也不会有无师自通的"情圣"。

比如，关于如何爱父母，我就给学生传授了以下几条爱的秘诀。

逢自己生日的时候，给母亲打电话或者发短信致谢。

外出时，一定要告诉父母自己所在的地点以及联系方式，并且还要记得报平安。

一定要记得父母的生日，并且在父母过生日的时候打电话问候，买或做个小礼物，送上祝福更好。

放假回家，陪陪父母，既可以向父母撒撒娇，也可以主动拥抱父母。

在父亲面前，努力说母亲的好话；在母亲面前，极力渲染父亲的优点。

情人节的时候，儿子送母亲甜言蜜语，女儿送父亲亲切问候。

感恩节、母亲节、父亲节，都要准备一些小礼物问候父母。

周末回家，扫一次地，炒一个菜，洗一次衣服来感谢父母。

在学校健康成长，努力学习，每天进步，做一个让父母以你为荣的孩子。

传授完这些秘诀，我诚恳地跟孩子们说："一个家庭，父母关系是否和谐，在很大程度上取决于他们的子女是否健康成长。所以，一家人是否幸福快乐，主动权在孩子手里，明白吗？请你们领会爱的秘诀，并加以运用。我敢保证，你的家庭将是一个充满歌声和笑声的幸福家庭。"

除了教会学生如何爱自己的父母，我也会教他们如何用行动爱自己的同学以及老师。有个孩子性格内向，不善言辞，同学们都说他是"冷面人"。事实上据我观察，这孩子并非冷血，其实他的内心对人对事都充满了善意，只是不懂得如何表达。我就从如何微笑、如何开口打招呼、如何把自己的爱意通过行动传达出来等方面一步步把爱的秘诀传授给他。这孩子终于学会了爱同学、爱老师、爱父母，前后判若两人。

我的学生不仅善于用语言表达他们的爱，也善于用文字来书写他们的爱，更善于用行动来诠释他们的爱。如果班主任面对的学生，一个个都是有爱心、有爱的能力以及爱的技巧的学生，我们的工作做起来是不是容易得多呢？

时间是最好的证明，这么些年来，我传授了学生许多爱的秘诀。而学生自从掌握了这些爱的秘诀之后，懂得了如何去爱，也为自己赢得了爱。一个心中有爱，又懂得如何将爱传递出去的人，怎么会冷漠无情呢？又怎么会把自己的老师气得发疯呢？

把自己变成学生的同学

刚接手新班时，孩子们叫我语文老师。我笑着说："语文老师貌似个标签，太大众化了，叫起来没有感情，我不喜欢这个称呼，换个叫法好不好？"

孩子们转而叫我钟老师，叫得很亲热。在老师之前冠以姓氏，让我有种找到自己的感觉。只是，我仍然感到与孩子们很生疏，我们之间似乎隔着一层膜。

排班级卫生值日表时，按人头分组，有个组少一个人。我说："把我加进去，刚好。"孩子们马上反对："您是老师啊，怎么可以与我们一组？"迎着孩子们惊讶的目光，我粲然一笑，调皮地说道："我还有个名字叫艾岚啊，你们叫我钟老师，我当然只能是你们的老师，但你们叫我艾岚，我就是你们的同学啦！"

孩子们做出恍然大悟状。于是，我成了"双人旁"组的一员。

组长与大家嘀咕一阵后，煞有介事地安排任务。他朝着我得意地说道："艾岚，你负责教室靠走廊的窗台以及走廊平台。"

我点头同意了。其余孩子赶紧补充说："窗台和平台是面子工程，是学生会干部最喜欢检查的，容易扣分哦！"我笑笑，手一抬，拍拍胸脯说："怕什么！有咱艾岚在，哪里有他们扣分的机会。"

孩子们都嘿嘿地笑了起来。自此，一条不成文的规矩产生了：凡是在教室里，孩子们都叫我艾岚；在办公室或者校外，他们则叫我钟老师。

当然，也有孩子总是羞于叫我艾岚。他们说："老师就是老师，不是同学。"我就找机会点拨他们："教学相长是什么意思啊？就是教的和学的互相学习，互相进步，共同成长啊！我和你们比，除了年纪大一点儿，生活阅历丰富一点儿，课本知识多一点儿，其余的，都是一样的啊！还有，从你们身上，我也学到了很多新的东西啊，要说老师的话，你们也是我的老师啊，难不成你们也要我叫你们老师？我想保持跟你们一样青春的心态啊，难道你们不想成全我？"估计最后一句话最有杀伤力，那些羞于叫我艾岚的孩子也由嗫嚅到小声，再到大声地叫我艾岚了。

与孩子谈心时，若话题有点儿干涩，估计难以入心，我就会拍着他的肩膀说："别把我当老师啊，我是艾岚，你的同学，真要把我当老师，我跟你急！我跟你说话，就是同学或者朋友跟你说话。"听我这样说，他的紧张情绪就会消除很多。随后，我还会绾个套让他钻进去："同学跟你说话时，你用得着装模作样，用得着说假话吗？"他就会笑吟吟地点头。于是，艾岚同学就会与他相谈甚欢，烦恼啊，纠结啊，就在一老一少两个同学的亲切交谈之中消除了。

我要求班级垃圾桶里的垃圾不能过半。负责倒垃圾的孩子基本上都能做到，但"吸尘机"组的大雄总是忘记。每当大雄忘记了的时候，我就会笑着说道："大雄，艾岚同学有洁癖哦！"大雄一听立马会意，起身去倒垃圾。有时我会更加婉转，亲切地问大雄："累不累啊？"大雄羞涩一笑，提起垃圾桶就跑。等他回来时，我就会竖起大拇指说："跟聪明人说话，真轻松啊！"

总之，在孩子们面前，我是艾岚，是他们的同学。所以，无论我说什么，他们都觉得没有恶意，并且非常信服。当然，恶言恶语我是不会说的。

遇事多问"为什么"胜过多问"怎么办"

前些天跟一些老师交流。其中一个老师说，她所在的学校有一个班级有个男生成绩不错，人也聪明，是班里的班长。但是，这个班长似乎有点儿"邪乎"。

怎么个"邪乎"法呢？那个老师说，这个班长欺负同宿舍的低年级同学，把方便面汤倒在小同学的床上。白纸黑字，多人做证，可是这个班长死不认账。那个老师问我这个事情该怎么处理。一时之间，我也不知怎么办。我一直在想：这样的孩子怎么能当上班长呢？

班长，是班级的领导核心。一个班级班风的好坏，在很大程度上由班长品质的优劣决定。一个欺负同学并且还抵赖的孩子，即便我不做品德上的评价，最起码也是一个缺乏同情心、缺乏担当的孩子。这样的孩子做班长，能把班级带到什么境地，稍有经验的老师都知道。

还有，为什么要等到班长欺负了同学，造成了既定事实后才来想办法处理呢？最难处理的就是事实已成。未成年孩子，打也不是，骂也不是，开除更不是，送到派出所又还不够资格，这可真是为难老师了。

说到这里，就涉及一个工作思路的问题了。

很多人习惯闷头拉车，直到脚被石头碰肿了，才心心念念地想怎么消肿才好。为什么不事先把路看好，把石头搬开呢？

育人的工作跟走路没什么区别。为什么不事先预设，然后预防呢？

比如，孩子们来到学校，除了读书，还有一个非常重要的事情，那就是人际交往。由于生长环境特殊，有些孩子很自大，很自私。所以，孩子们一到学校，班主任就应该预想到他们在人际关系的处理问题上会遇到各种困难，因此，要教会他们如何应对各种人际关系。卡耐基说过，一个人的成功，15% 取决于专业知识，85% 则取决于人际关系。这话当然不是绝对真理，但确实很有道理。

事前预设，层层铺垫，步步为营，防患于未然，这是最佳的工作思路，也是最高明、最轻松的工作技巧。

当然，老马也有失蹄时。有时无论怎么预设，也会有突发事件产生，那么对于这种预设不周而生成的问题，又该怎么处理呢？

很多老师都会犯一个错误，他们会问：我该怎么办呢？

哪里有什么现成的、立竿见影的绝招可以信手拈来用呢？就算真有那样的绝招，面对不同的孩子，不同的老师使用效果也是不同的。

我一贯秉承这样的工作思路：既然事情不可避免地发生了，已经成了不可逆转的事实，那我就不急不躁地认了。然后，我会反复地追问为什么，决不罢休地追根究底，找到问题产生的根源，再对症下药，挖根绝苗。

事情的本源搞清了，该原谅则原谅，该支持就支持。当然，该严惩的也绝不手软。毋庸置疑，教育需要宽容，需要关爱，需要等待，需要理解，需要谅解。教育需要农夫的等待心态，但不需要《农夫与蛇》里面农夫的心肠。教育不仅需要为师者具备他人看得见的善良品质，更需要为师者具有他人看不见的善良和智慧品质。

当然，更主要的还是要有"为什么"的工作意识。只有敢于步步追问"为什么"，才可能知道"怎么办"。

把每个孩子都变成榜样

　　我历来不喜欢在班里树立榜样。如果真要树立的话，我以为，每个孩子都是榜样。为什么这么说呢？俗话说"一龙生九子，九子各不同"。你说张三学习刻苦，是学习方面的榜样，可李四体育好，身体棒，难道不是体育方面的榜样？还有王五，成绩不太好，体育也只是达标，可他孝心可嘉，他在孝道方面就是榜样啊！

　　几乎每个人都会说"榜样的力量是无穷的"。真的是无穷的吗？我看未必！我不妨说两件我亲身经历的事给大家听听。

　　我在做学生时，抱着"一定要跳出'农门'"的理想（这在有些人看来，是不可言说的低级理想，但这的确是我当初努力读书的动力），所以，读书特别用功，总觉得在书里能找到流淌不尽的快乐。于是，老师每天都大张旗鼓地表扬我，号召每位同学向我学习，甚至还当着全班同学的面对我青眼有加、另眼相看。

　　不久，莫名其妙的事情来了，不是我的笔不翼而飞了，就是我的书被人撕烂了，以前与我一起玩得很开心的同伴对我也爱答不理了，甚至一些墙壁上还公然写着我的名字，骂我虚伪、假积极。更加匪夷所思的是，学习努力、与人为善、性格温和、乐于助人的我，期末评选"三好学生"时，竟然得票最低。

　　我还是那个我，没有变，却成了众矢之的，这是为什么？当初的我，想破脑袋也找不到真相。后来为人师了，我才知道，就是"榜样"让我成了众矢之的。因为在老师眼里，我是最好的；而在同学眼里，我则是有诸多瑕疵的，他们认为我不配拥有那么多赞誉之词。可是，老师用一束光芒把我的优点放大，把我的缺点缩小甚至掩盖了。我成了老师心中的"极品"，而同学们统统成了老师眼中的"次品"甚至"废品"，他们怎么会不把怨恨情绪加到我的身上呢？

老师本想把我树立成大家学习的榜样，却不知不觉恶化了我的人际关系，让我成为全班同学怨恨的对象。而我这个榜样也并未促使全班同学进步，一切都是外甥打灯笼——照舅（旧），最终的结果是，这个班级只有我一个人考上高中。

事隔20多年，尽管我的那些同学没有上过高中，但并不等于他们就活得凄惶无助。很多同学通过自己的努力拿到了成人大学的文凭，有自己开公司当老板的，有做高管的，也有平平淡淡就是真，生活得很幸福、很滋润的。

早知是这样的结果，当初何必硬要把我拉出来做榜样呢？好在我的心理素质好，没有被那些善良、无知的同学"戕害"了。

从小就把勤奋当成习惯了，所以，我当了老师后仍然不改勤奋作风。书读得多了，眼界开阔了，于是就滋生了强烈的责任感和使命感，总想在教育这块阵地上有所作为。尤其是做班主任，一心想要走专业化的道路，因此，不管遇到什么麻烦，我都视之为我成长的契机。在别人看来是苦差事，我却干得乐呵呵的。于是，我又成了校长大肆表扬的对象。

校长的表扬并未让我如饮佳酿，反而让我备感苦涩。校长把我竖为标杆，处处要求老师向我学习，这无疑给其他老师增加了工作量，也增加了工作的难度。校长哪里知道，我做这些纯属自愿，是自得其乐，是把工作当作爱好。我的工作是教育，业余爱好也是教育，不论是上班还是下班，我都在做自己最喜欢的事，怎能不成天乐呵呵的呢？

再说，和学生打交道，不仅需要爱心，更需要智慧，甚至是天赋。校长非要求其他老师向我学习充满亲和力地与学生沟通，像我一样天天写教育反思，这怎么可能呢？每个人的长处都不一样：有的人善于说，不善于做；有的人善于做，不善于写；有的人善于写，未必善于说和做。校长要求其他老师像我一样，你说，他们除了怨恨校长不公平之外，难道不怨恨我这个人多事吗？

校长本来要把我树立成一个典型，结果却把我给"捧杀"了，以至于我后来不得不离开那所学校，因为我已经被那些与我"志不同，道不合"的同事给边缘化了。

我的亲身经历告诫我：与其在班里树立一个榜样，还不如把学生全部变成榜样。

我带"意搏班"（班级名称）时，与孩子们一起打造班级愿景，其中两条是：让每个孩子都学有专长，班级里要有形形色色的"明星"。就是这两条促使我努力地去挖掘每个孩子的长处，再用放大镜去放大他这个长处，从而让他的这个长处成为他在班级里获得地位和尊严的重要依据。

当每个孩子都有自己的强项，也就是说，在班里都成了别人的榜样的时候，还会有谁去嫉妒，去不满呢？他有强项，能得到老师的欣赏与肯定；你也有强项，也能得到老师的欣赏与肯定。

我还记得我班有个叫小富的孩子，数学经常考 0 分，语文最好的成绩是15 分，最差的是 5 分，会写的汉字不超过 200 个。英语、物理、化学，对他而言那简直就是天书。这样的孩子，可能会很自卑，但他在我的班级里却是一个自信的阳光少年。为什么呢？因为他会做手工，他做的那些小玩意精美无比。我特意把他的小制作拍下来，放到我的博客里，又对小富的特殊才能大书特书地赞美了一番，说他是"意搏班"最闪耀的明星，是手工制作的人才，是大家学习的榜样。

一个班级，一旦人人都成了别人的榜样，班级人际氛围就非常和谐，即便有竞争，也是良性的竞争；即便有误会，也很容易消除。

或许有人会说，人人都做了榜样，不就等于没了榜样吗？这跟吃大锅饭有什么两样？我不觉得这是吃大锅饭。因为每个孩子的长处都不一样，所以，他展示给别人的优点就不一样。一个班，不是只有几个孩子才能成为榜样，而是每个孩子都能成为榜样。榜样其实就在我们身边，每个人都是榜样。

很多家长也常犯一个错误，总觉得"别人家的孩子"好，天天唠叨"别人家的孩子"怎么好；"别人家的孩子"上北大，考清华，自己家的孩子就知道吃喝拉撒；"别人家的孩子"琴棋书画样样精通，自己家的孩子呆头笨脑啥都不会……久而久之，这"别人家的孩子"就成了自己家孩子的假想敌，不仅没促使自己家的孩子进步，相反还在孩子心里埋下了嫉妒、仇恨的种子。

孔子说："见贤思齐焉，见不贤而内自省也。"这话自然是有道理的，但必须是孩子领悟了个中道理，并且主动为之才会有效果。如果强拉一个"贤人"去做孩子的榜样，不但这个"贤人"会被弄得灰头土脸，孩子们也会自惭形秽，妄自菲薄，最终自暴自弃。

所以，再一次强调，与其树立一个榜样，还不如让每个孩子都成为榜样。正如李白诗云："天生我材必有用。"每个人都是有天赋的。所以，教育应该尊重每一个孩子的禀赋，承认孩子的差异性。而教育者应该主动把自己当作学生的重要他人，努力去开发学生的禀赋，帮助学生寻找他的那扇通向成功的大门，从而把学生变成彼此的重要他人，也就是所谓的"互动性重要他人"。只有把学生变成"互动性重要他人"，孩子们才能在日常的交往过程中互相学习，彼此熏陶濡染，达到互相进步、互促成长的目的。

中途接班，如何成功当"后娘"

开学前，学校安排我教初一两个班的语文课，做其中一个班的班主任。但开学后，教导主任找我，说初二（1）班的语文教师兼班主任调走了，一时找不到合适人选，因此，学校决定让我接手这个班的语文教学任务并担任班主任。

说实话，我不想答应，因为我从没中途接过班级，害怕做学生的"后娘"。但是，临危之际，我咬牙受命，这个"后娘"再难当，也得硬着头皮当下去。那么，该如何当呢？

第一，知己知彼，胸有成竹。要想打一场漂亮仗，事前没有充分准备是不行的，于是我要来学生的报名册和成绩册。首先，记住每个学生的名字，并特别留心那些很奇怪、很奇特的名字，比如冉一辛、王橪。其次，了解学生的基本信息和习惯爱好。这样，在我第一次与学生打照面时，我正确叫出冉一辛的名字，学生就惊奇无限。被我叫漏了的王橪，故意把他的作业本拿来问我他叫什么。我说："叫王橪（xí）啊，'初唐四杰'之一骆宾王写过一篇讨伐武则天的橪文，那个人啊，七岁能作诗，是个神童，你和他很有渊源哦！"王橪满脸惊喜地说："老师，你竟然认得这个字？"我笑笑说："老师表现不错吧？"王橪调皮地竖起大拇指，说道："OK！"事后有老师说："你把王橪抓住了，你就把这个班级抓住了。"

第二，精心设计，课堂出彩。其实，真正能征服学生的，是你这个"后娘"的上课水平超过前任。第一堂课上得精彩与否，是能否成功当上"后娘"的关键。通过私下了解，这个班级以前的语文课堂比较严肃，基本上是以老师讲授为主，那么我该怎样突显我的特色呢？八年级语文第一单元是长征题材，课文比较枯燥，开课就讲长征，恐怕难以引发学生共鸣，更难赢得学生的心，于是我设计了一堂交流讨论课。由陌生人的交流开始，到我的自我介绍，再引出四川方言，很自然地引出人与人之间要顺畅交流必须说普通话的道理，再引出语文是什么，最后抛出本堂课的交流目标：我们为什么要学语文？第一堂课就让学生探讨"什么是语文"这个大而深的话题，是很容易陷入僵局的，但我不是让学生探讨抽象的语文，而是引导他们以自己的心灵和体验，以他们的眼光和生活，感性地解读语文。我给学生做了示范，比如，语文是唐诗宋词，是秦砖汉瓦，是风花雪月，是晓风残月，是地震废墟里最美丽的歌声，是救灾现场最感人的身影……这样，学生的思路一下子就打开了，全班学生无一例外地站起来用"语文是……"的句式表达了他们对语文的独特认识。

第三，适当露怯，收获人心。很多老师认为，第一堂课一定要在学生面前表现为一座山。而我以为，第一堂课除了展示你的"拿手戏"外，也可以适当露怯，这样不但不会遭到学生小视，反而更能激发学生强烈的责任感和保护意识。我们就"如何学语文"的话题讨论完后，还有两分钟才能下课，我没做其他安排，而是真诚地说："我接手你们班之前，就知道你们是重点班，是学校的希望。说实话，我很害怕，害怕你们不喜欢我，害怕你们把我赶出教室，害怕我的学识有限耽误了你们。总之，我是小心翼翼唯恐出错……"我话还没说完，马上就有不少学生打断我说："老师，不要有压力，我们已经接受你了！"是的，就凭这么多学生说"我们已经接受你了"，我就已经成功地取得了"后娘"的资格证书。

第四，建立规则，照章办事。心理专家李子勋说："关系大于教育！"这说明，师生关系疏离或者恶化，将直接导致教育的失败。所以，待到班级人心稳定时，就要思考如何向学生阐明你的管理理念及管理方法，然后与学生一起拟定合乎班情的规章制度，进而"照章办事"。

随着时间的推移，班里的学生对我越来越依恋。尽管因为习惯、观点、思维方式的差异，我们也产生过误解和冲突，但在经历了思维碰撞后，我与他们的感情已经牢不可破了！期末考试时，除了一名来自加拿大的学生考得不甚理想外，其余35人都考出了满意的成绩，全优生达25名。

看着学生那喜气洋洋的笑脸，不用说，我这"后娘"当成功了。

如何应对"假期网络综合征"

每到假期，拥有大量自由时间的孩子们最容易流连网络，甚至上网成瘾。作为班主任，应该对学生的"假期网络综合征"有高度的预见性，在放假之前就要未雨绸缪，这样才能够有效降低学生假期上网成瘾的可能性。

帮孩子构建真实的朋友圈。孤独的孩子容易上网成瘾，因为他需要在虚拟世界寻找现实中缺失的归属感。有一名女生，母亲早逝，父亲再婚，她与继母相处不好，导致性格孤僻、偏执，对人怀有敌意，因此没有朋友。她常常借助网络寻找慰藉。为帮她过好假期，我找了班上几个性格开朗的女生和她交朋友，用宽容和真诚的爱心温暖了这个"刺猬"女孩，不仅驱散了她心中的阴霾，还成功地帮她戒除了网瘾。

人机对话，无论魔力有多大，终究不如人与人的真情交往。如果我们能让孩子在平时就学会维护身边真实的友情，还需要花费大量的精力去与网络争夺孩子吗？

创建多元的假期休闲文化。孩子们热衷于进网吧，除了无聊、好奇、同伴邀约之外，还有一个重要原因就是，不知道怎样在假期中休闲、娱乐。因此，创建积极的、多元的假期休闲文化，比如师生共读一本书、成立各种兴趣小组、举办各类文体活动、参与社区服务等，是让孩子们有事可做的好办法。一旦多姿多彩的活动占据了孩子们的假期时光，他们就不会把大部分甚至所有时间、精力都放在网络上了。

连续三年，我都在假期组织孩子们和我共读一本书。适量的读书任务，不仅可以填充孩子们假期的空闲时间，还能够砥砺他们的心灵。当他们的心灵强大到足以让生命丰盈的时候，网络还会无休止地占据他们的身心吗？

有个学生脑子里装的都是网络游戏。我对他说，我期望他成为一个有知识、有修养的人，能有更为充实的人生，因此，假期我强制他读书。他读了秋元良平的《再见了·可鲁》、曹文轩的《青铜葵花》、于丹的《于丹〈论语〉心得》之后，不仅尝到了读书的乐趣，还成功地告别了网络游戏。

加强上网引导，与学生做网友。信息时代的孩子不可能与网络绝缘，与其让他们无师自通地在网络上猎奇、沉溺，不如有效地加以指导。我们要利用网络促进学生自主学习，让学生学会在网上有效摄取信息，分辨各种观点，提高自己的认识，真正把网络用成了解学生、教育学生的平台。

我的 QQ 里有 78 名学生。放假时，我经常和孩子们在网上交流。很多当面不好说的话，用 QQ 聊天时就变得如行云流水般顺畅。文字承载着平等的交谈、真实的想法和真挚的情感，点滴语言渗透进师生的心田，能温暖彼此的心。

指导家庭教育，防止网瘾的产生。孩子上网成瘾与家长有着密不可分的关系。除了上面提到的家庭不够和谐的因素之外，家长与孩子疏于沟通、管理不善、家庭生活单调等也是孩子迷恋网络的原因。

孩子形成网瘾的前提条件是，有大量的独处时间。因此在假期中，父母要严格控制孩子的时间，让孩子制订详细的学习计划和作息时间表；父母在加强监督与管理的同时，也要满足孩子合理的上网要求，可以跟孩子一起体验上网的乐趣。家长对孩子悉心地管理监督、民主的家庭氛围、和谐的亲子关系，会让网瘾彻底失去滋生的土壤。

神医扁鹊也不能把"病在骨髓"的病治好，班主任要想妥善解决孩子上网成瘾的问题，就应该在其"病情"发作之前及时诊断、治疗。

宽容，但绝不能纵容

几年前在学校遇到过几件尴尬的事，一直没法忘记。

其一，带着笔记本电脑到办公室写东西。一到下课，便有不少学生围在我的身旁问："老师，可以帮我登录 QQ 不？""老师，你在写什么？"开始的时候，我微笑着解释："这里没拉网线，不能上网，老师在写一些反思，需要思考，需要安静，你们不要在这里围着我，好吗？"个别学生转身走了，多数学生转移到我的身后，静静地看我在键盘上挥动手指，于是我如坐针毡，一个字也打不出来了。

有一天，我又在办公室专心敲击键盘，来了两个女生，弯着身子凝视我的电脑显示屏。我说："不要看了吧，这文章里涉及别人的隐私，还有，有人在旁边会影响我思考，你们到其他地方玩，好吗？"两个女生倒也没说什么，转身走了——我以为走了。过了几分钟，感觉肩背有点儿酸，准备做下扩胸运动，当我扭头时，两个女生竟然还站在我身后，正饶有兴致地看我显示屏上的文章，顿时把我吓得魂飞魄散。

于是我面色一沉说："初中二年级的学生了，也该懂得尊重了。"两个女生尴尬地走了。

后来，跟班主任说起这件事，他的回答令我哑然——"这有什么吗！小事一桩，现在提倡宽容，小事情一般忽略不计。"

其二，总有学生敲我家的门敲得很响，每次都会把我吓着。有天晚上，下了点儿小雨，我在书房专心写作。突然，一阵剧烈而急促的敲门声把我给吓着了。原来是一群女生来找我丈夫。门一开，几个女生抬脚就进来了，干净的地板砖上顿时留下一串泥水淋淋的脚印。这还不算，看我书房的门虚掩着，嬉笑着走进了我的书房说："老师，把我的 QQ 给挂上嘛！"

我埋怨丈夫："你班学生真没规矩，平时都没要求吗？"丈夫有点儿委屈："你不是说要宽容吗！这些小女娃子，是没规没矩的，长大了就好了。"

其三，我以前所在的学校多数学生住宿，孩子们都是自带大米到学校锅炉蒸饭，到餐厅买菜。因此，每周来学校前都要准备足够的钱粮。可是每一周我都发现有不少学生到周四的时候就叫唤没钱了、没米了，然后就找老师借，或者是请老师打电话叫家长送来。我说："这样的学生没必要提供帮助，要告诉他们，没有学会计划、学会准备，今后是没有任何竞争力的。老师只有教会每个学生学会做好预算、做好充分的准备，才能免除后患。"马上就有老师说："我们这是宽容，是好心帮助学生，是好老师。"我笑笑，心里想：这是好老师吗？也许是好老师，但绝不是优秀的老师。优秀的老师是要指导学生自己解决问题，而不是一味地帮学生解决问题。

发现没有？这几件事都涉及一个关键词——宽容。

这就是我们老师疏于教育之后的一个借口——宽容。

宽容是什么意思？《现代汉语词典》解释为："宽大有气量，不计较或追究。"这么说来，宽容所蕴含的真正意思是：当别人犯了错时，我们要给予原谅，给予理解，给予他改过自新的机会。可以上三件事的本质含义应该是纵容而非宽容。因此，我希望我们的老师能明白一个道理：宽容，但绝不纵容！

虽然这些孩子品质没有出现问题，但他们的习惯肯定是出现了偏差的。中国青少年研究中心的专家孙云晓指出："习惯决定孩子的命运。"他把习惯上升到决定性层面了。

有这样一个故事：当几十位诺贝尔奖得主聚会时，记者问其中一位科学家："请问您在哪所大学学到了您认为最重要的东西？"这位科学家平静地说："在幼儿园。""在幼儿园学到了什么？""学到了把自己的东西分一半给伙伴，不是自己的东西不要拿，东西要放整齐，做错事要道歉，仔细地观察事物。"这位科学家出人意料的回答，说明了儿时养成的良好习惯对人一生具有决定性的影响。

由此可知，培养孩子良好的习惯是任何国家、任何时代都需要的。宽容学生一而再，再而三的小过失，并不是真正的宽容，而是无原则的纵容。和平年代，力量型的人才该退出历史舞台了，取而代之的是智慧型的人才。而智慧型的人才除了脑子好使外，更重要的是他们的情商都特别高。而情商高手一般是特别看重细节、习惯也比较好的人。

有些事情看起来与老师无关，但与学生关系很大啊！虽然它们不发生在课堂上，虽然它们不影响你的教学成绩，但对学生的长远发展，确实不利啊！

孔子推行"仁"的思想，这个"仁"里就包含着宽容的意思。可是孔子对学生的错误却一点儿都不模糊对待，比如，《论语·先进》中就记载："季氏富于周公，而求也为之聚敛而附益之。子曰：'非吾徒也。小子鸣鼓而攻之可也。'"

大意是鲁国的权臣季家非常富有，甚至超过了周朝的公侯。而学生冉求还为季家聚敛百姓的赋税，使之更加富有。孔子知道这件事后，气急败坏，不承认冉求是自己的学生。他不仅要开除冉求，还进一步号召其他学生"鸣鼓而攻之"。

冉求既没有扰乱孔子的课堂，也没有与孔子对抗，只是帮富人变得更富，孔子就认为自己的学生人品有问题，就要开除他，就号召其他学生对其"鸣鼓而攻之"，由此可见，孔子对学生的人品有多重视。

习惯与人品是两个概念，但很多时候，别人就是通过你的习惯来观察你的人品，然后再决定是否与你交往的。

因此，作为教育者，要有敏锐的时代感，要确知这个时代需要什么样的人才，人才都应具备哪些优良的品质，然后，重视教育中的每一个细节，不要让孩子输在细节上，更不要给自己的教育疏忽找一个"宽容"的理由！宽容是教育者必备的胸怀，但一定要用对地方，否则，宽容就会演变成纵容。教育一旦变成了纵容，它的后果是十分可怕的。

把女生捧在手心，把男生拴在腰上

俗话说"家和万事兴"。一个班级里男男女女几十人，就像一个复杂的大家庭，那么，班主任该如何让这个大家庭先"和"，然后再"兴"呢？

带班 20 多年，我一直秉承一个观念：把女生捧在手心，把男生拴在腰上。它屡试屡胜，百用百中，可以说，这是我带班的看家本领了。

有专家说，一个好女生可以带好十个男生，相反，一个坏女生也可以带坏十个男生。我不敢说这位专家的话百分之百正确，但我不得不承认女生在某些方面确实有此"魔力"，所以，我在带班时一贯秉持"重女轻男"的思想。这里所谓的"重"并非放纵、溺爱、姑息、迁就，而是看重、尊重、关心、关爱；所谓的"轻"并非轻视、践踏、打击、谩骂，而是用平常、平和的心态告诉男生要有绅士风度，要能担当、包容，有责任感，要懂得吃苦在前，享受在后。

如何把女生捧在手心

每逢组建一个新班级时，我做的第一件事就是下死命令：任何男生不得谩骂、讽刺、打击女生，更不能在女生面前说污言秽语；任何男生不得对女生施加暴力（包括语言暴力和肢体暴力），班里的重活、脏活等体力活均由男生包办。命令一颁布，女生兴奋得大叫，男生则小声表示不服。

具体该怎么"捧"，才能让女生成为我的心腹呢？

我们是朋友。我会明确地告诉女生，我和她们是朋友，是那种可以彼此信任、无话不说的朋友。这种话一旦说出来，就一定要落实到行动上，让每个女生认为老师确实是她的朋友，否则，她们就会认为老师是口蜜腹剑、言而无信的人，这样不但赢不到女生的心，相反还会坏你的事。我一般是利用课间或者体育课时间与女生亲密地玩耍；会把我的一些小秘密（诸如我小时候挨打、长大后恋爱的经历）告诉她们；女生受到委屈或者有了伤心事时，会给她们写手写信；会为女生保守秘密，帮她们传递书信（即便是情书，我也不会拆）；还会在女生过生日的时候送她们一份小礼物；谁要是欺负我班女生，我一定会让他吃不了兜着走。这样，我和女生就成了朋友，再把正确的人生观、价值观渗透到女生的心里那还不容易吗？

接纳自己。青春期的女生特别注重自己的体形和容貌，总觉得自己这里不美，那里不俏，喜欢躲在角落里顾影自怜。我会对女生讲，一个人先要学会爱自己，接纳自己，世界上没有两个相同的人，每个人都是上帝的宠儿，只要能认可自己，积极进取，就是最美的女生。我经常这样讲，女生的顾虑就被打消了。然后，我会利用与女生闲聊的机会，给她们讲解性知识，告诉她们怎样做一个健康、美丽、纯洁的女生。慢慢地，自信、阳光、健康的女生就成长起来了，这样的女生又会不知不觉地对身边的男生起到潜移默化的影响。

从离自己最近的人爱起。人之所以要好好活着，那是因为有爱存在。我经常告诉她们要爱自己的亲人，因为亲人是她们最温暖、最可靠的屏障，也是她们最应该感恩的人。然后要爱自己的同学，因为以后只有同学才有可能帮到你。当然，我还会告诉女生们要爱自己的老师，爱自己的朋友。总之，先爱离自己最近的人，因为距离你最近的那些人，才是最有可能帮助你的人。

善解人意。一个任性、刁蛮的女生，是不讨人喜欢的女生。女生活着，不一定要讨谁的好，但绝不能讨人厌。所以，我时常教导我的女生要体谅，要宽容，要善解人意。比如，某个男生挨批评了，心情很糟糕，此时女生就要"人同此心，心同此理"地去理解男生，要么鼓励他，要么安慰他，切忌嘲笑他。哪个人会不喜欢温和有礼、善解人意的女生呢？

说话得体。有些女生自视甚高，常常不把别人看在眼里，说话随意，甚至夹枪带棒。例如，某次学校组织野炊，男生小杰闲来无事，好心好意地去帮助女生燕子择菜。谁知小杰刚拿到菜，燕子就满脸寒霜，厉喝一声：

"滚！"小杰吓得赶紧跑了，郁闷了好多天，觉得面子丢得太大了。因此，我教女生说话时要得体，要分场合，要顾及别人的面子。总之，要把自己的姿态放低，把别人抬高。经过反复演练，我班的女生很快就能赢得他人的好感。

注意与男生交往的方式。人是最怕寂寞的动物，要想断绝男生女生交往，那是不可能的事。与其堵，不如疏，于是我找到女生，故意说要将传女不传男的"绝招"偷偷教给她们。女生们一听，非常兴奋。我告诉她们，首先，在男生面前要矜持、傲慢一点儿，因为癞蛤蟆吃不到天鹅肉，就只能悄悄地喜欢天鹅。其次，不要单独与一个男生交往，每天都与一个男生在一起腻腻歪歪的，别人很难不去给你造谣。所以与男生交往，一要在公开场合，切忌孤男寡女跑到"歪脖子柳树"下玩耍；二要与班上所有男生交往，并保持相同的距离。也就是说，你做圆心，让男生围着你旋转，但是一定要保持底线。所谓底线，就是既不让自己的身体吃亏，又不让自己的名誉吃亏。

正确对待早恋。我能理解孩子早恋的心理，但很反对孩子早恋。因为早恋的受害者多半是女生。比如身体的伤害、心灵的戕害、名誉的损害。我认识一个女生，原本纯洁得如玻璃一般，但她早恋了，每个周末都和男友到旅馆开房。结局是，女生怀孕了，男友吓跑了，一段所谓的纯洁恋情以伤害而告终。因此，我先是对她们进行性教育，然后指导她们正确处理自己的感情。如果控制不了自己的情感，早恋了，我会教她们如何守住自己的底线，也会教她们如何避孕、如何获知自己怀孕的信息、如何防止性病等问题。我的观点是，当我们不能阻止一件事情发生时，一定不要让它产生最坏的结果。

做一个聪慧的女生。有很多女生或许是受社会风气的影响，把希望寄托在容貌上，希望据此钓到金龟婿。但她们忘记了红颜总会衰退，美丽的外貌不具备持续的生产力。所以，我希望我带出来的女生不仅是气质佳人，更是智慧女生。只有聪慧的女生才是永远可爱的女生！

带好班上的每一个男生。做了这么多铺垫，无非是要把女生培养得更优秀。因为优秀的女生今后会成为优秀的妻子、优秀的母亲。当然，这是以后的事情，当前的任务是先把她们培养优秀了，然后让她们帮我引导班上那些不求上进、调皮捣蛋、浑浑噩噩的男生走向光明。我以前带的班级有男生抽烟，我把吸烟的危害说了一箩筐，结果男生仍然抽烟。无奈之下，我只好叫一女生出马监督男生戒烟，结果马到成功。由于班里女生素质高，男生在女生面前又丢不起面子，只好奋起直追。整个班级就在一群女生的带领下变得团结、和睦、积极向上了。

女生们在我的精心呵护下，慢慢地从"麻雀"变成了"凤凰"。她们的眼界开阔了，思维独特了，心态平和了，性格温良了。古人造的"安"字，意为屋内有女则为安，我则理解为：一个家，如果女子贤德，那么家就会安定团结；一个班级就是一个家，如果女生贤淑、智慧，那么这个班级就会安定团结！其实，治理一个班级很简单，归纳起来就一句话：你只要把女生抓住了，就把一个班级抓住了。

如何把男生拴在腰上

费尽心力地把女生培养好了，是不是就能完全指望女生带领男生向前跑呢？以我的经验来看，羊儿放得太散，牧羊人不易管理。所以，班主任还要把男生拴在腰上，时不时拽他们一下，具体怎么"拴"呢？

用规章制度约束男生的不良行为。男生一般不像女生那么感性。男生犯错后，老师一般不必像对待女生那样轻言细语，可以言简意赅地说完道理，然后按规矩办事（性格特殊的男生除外）。言出必行、军令如山，往往会令他们心服口服。当然，如果遇到故意捣乱的男生，就只能不按牌理出牌了。

用责任感引导男生做一个有担当的人。一个没有责任感的男生，往往外强中干，甚至比较猥琐，犯错后常常会抵赖。我的训练方法就是让男生做事。比如，打扫最脏、最臭的公共区域，一定是交给男生做；班里要搬桌椅等体力活，一定是交给男生做。总之，凡是体力活，或是受气活，全部由男生做。

用母亲的柔情启发男生的爱心和体谅心。我是一个母亲，会经常拍拍男生的肩膀，摸摸他们的头，甚至还会双手搭在他们肩上与他们面对面地对视。男生的衣服扣子掉了，我会帮他们钉上；男生的衣裤有了裂口，我会用缝纫机给他们缝上。我还会给男生上性教育课，会毫不保留地告诉男生女有什么样的生理现象，甚至还会以我自己为例，告诉他们女生每个月都会来例假，此前会心情烦躁，易发火，并且还会伴随小腹坠胀、疼痛等不适感；女生今后要做母亲，她们的身体很重要，人格很重要，性格很重要，因此，每个男生都应该爱护女生，体谅女生。即便今后女生在教室里发火，也要为她开脱，很有可能她那两天来了例假，心情很不爽，"凤体"也欠安。

用侠义精神激发男生的保护欲。我做学生时，特别喜欢读金庸和古龙的小说，很喜欢那种仗剑走江湖的侠客，甚至渴望自己有一个浑身是胆、一身侠义精神的兄长来保护自己。做了教师后，我告诉男生们要"路见不平，拔刀相助"，这不是鼓动他们去打架，而是希望他们能培养出一种侠义精神。具备这种精神的男生，才会把自己当成"护花使者"去保护女生，今后也才会为人民的利益奔走呼号。在我的班级，一旦女生惹了男生，男生一般都会满不在乎地说："好男不跟女斗！"要是外班的男生欺负了我班的女生，那是绝对不行的，我班男生非找他论理不可，论完理，他们还撂下一句："我们班的女生是神！谁都不准欺负！"

用手足之情引导男生把班级变成一个家。现在的孩子私下里喜欢结拜。我何不顺应潮流，大张旗鼓地告诉他们，每个同学都是我们的手足，都是我们的兄弟姐妹，想怎么结拜就怎么结拜，但不准拉帮结派。与其让孩子们与外班的同学结拜，或者是与社会上的不良青年结拜，还不如让他们在自己班级里寻找志同道合、意气相投的同学结拜。孩子们之间称兄道弟，或者呼姐唤妹，有何不好呢？当他们有了手足之情时，会不爱自己的同学吗？会不爱自己的班级吗？一个团结、互助、和谐的班集体，就是一个温暖的家啊！有哪个人不爱自己的家呢？

把女生捧在手心，与她们成为心灵距离最近的人，她们就会帮我把男生管理得服服帖帖；男生呢，被我拴在腰上，时不时拉他们一下，他们既自由又守规矩，帮我把女生保护得妥妥当当。我呢，每天都一脸幸福地看着孩子们健康、快乐地成长。

把自己变成一个有趣的人

在我的老家，教师队伍中流行一种说法——"年轻教师台上站、中年教师团团转，老年教师靠边站"。什么意思呢？就是说，年轻教师长相漂亮，性格活泼，观点新颖，思维敏捷，所以他们是前台人物，是舞台的焦点；而中年教师上有老下有小，十多年的风霜打磨，早已把之前的英气消耗殆尽，因此他们在幕后指点青年教师上台舞动青春；老年教师更是可悲，人老技衰，只能一边站着，眼睁睁地看着自己的教育人生落下帷幕。这样的说法仿佛在告诉大家：教师这个职业是吃青春饭的。

那么，教师是不是吃青春饭的呢？

利用百度搜索，查到涉及相关问题的文章有上万篇。很多人认同"教师是吃青春饭的"这一观点。

但我并不认同这样的观点。

首先，我们来看看钱梦龙老师。

钱梦龙是特级教师，全国教育系统劳动模范。现在，钱老已经80多岁了，但仍活跃在讲台上。我还记得2005年到成都听钱老讲课时的事。那天他西装革履，精神焕发，看起来50多岁。开课前，他用亲切的语言与学生交流，叫学生猜他的年龄，学生全猜不中，最后钱老自报答案："18岁。"当时我都被吓了一跳，全场听课者也愕然。钱老随即补充："我的心理年龄只有18岁。"顿时，全场爆发出一阵热烈的掌声。钱老的课如行云流水，让人感觉如同与家人坐在一起亲切、愉快地品尝妈妈做的家常菜一样温馨快乐。

其次，来看看于漪老师。

于漪老师早在1978年就被评为语文特级教师，她著作等身。现在，她已经超过 80 岁高龄，仍然不辞辛苦地往返于各地讲学，仍然笔耕不辍，谈起教育仍然精神焕发，热情洋溢。

再来看看魏书生老师。

魏书生 28 岁起到中学任教至今。在全国各地（除台湾省以外）做报告一千多场，上公开课六百多次。他热爱教书，酷爱读书，也善于写书。

我曾亲耳聆听过魏书生老师的报告，也曾近距离地看过他。不是我不尊敬他，实事求是地说，他的长相绝对不能用"帅"字来形容。但他在他的学生心目中，就是超级帅。

是什么原因使钱梦龙、于漪、魏书生老师青春不老呢？那就是他们勤学不辍，笔耕不辍，反思不辍，更重要的是他们都有一颗上进、仁爱的心。或许有人会说，他们都是名师，是其名誉、地位使他们能长期活跃在讲台上。这或许有一点点道理，但我也看到过许多一生平凡、普通的教师到了老年，仍然深受学生和家长的欢迎。

我有一位男同事接近退休年龄。按照"教师是吃青春饭的"这一观点，他早该悄然隐退了。可是他仍然精神焕发地活跃在讲台上，激情涌动地与学生在校园里追逐、嬉戏。他是这样的一个老师：

首先，他经常穿一身白衣白裤，衣服熨烫得毫无褶皱，头发梳理得干净整齐，还时常打啫喱水，远远而来，香味顺风飘过，给人留下"千花落尽香犹在"的感觉。

其次，他喜好读书，尤其喜欢读武侠小说，记忆力甚佳，记得很多武打精彩片段，加上他能说会道，经常在课余时间给学生讲武侠故事，引得学生经常在他屁股后面转，缠着他上课。

再次，他喜欢运动，乒乓球打得出色。课余时间，经常可以看见他飞动乒乓球拍与学生对垒。学生的问题、学生之间的矛盾，就在挥动球拍的时候迎刃而解了。

你别看他已五十多了，还挺时髦的，别人买了电脑，他也买回电脑，硬是遇神拜神、遇佛拜佛地把电脑学会了。他还建立了 QQ 群，建立了班级贴吧，经营了博客，把他的学生迷得神魂颠倒，最后，全班学生都做了他的粉丝。

更有趣的是，他有一个MP3，经常挂在耳朵上听得摇头晃脑。我起初想，人老了，听听革命歌曲、黄梅老调啊，也是一种惬意的老年精神生活。偶尔一次，我想复制资料，手边没有U盘，顺便借他MP3一用。一打开，哎哟，全是些小青年听的流行歌曲！

他就是这样的一个老师，难怪学生喜欢他！这不因为别的，只因为他有趣：有工作的兴趣，有学习的志趣，有生活的情趣。

从以上三位名师以及我这位男同事的教育生涯来看，要让自己成为青春不老、受人欢迎的教师，就必须勤于学习，因为学习可以使自己进步；就必须勤于思考，因为思考可以保持大脑年轻；就必须勤于笔耕，因为笔耕可以反思自己，提升自己。此外，还得具备与时俱进的精神、良好的心态、健康的身体、幽默的性格、多彩的童心等。说得简单点儿，就得把自己变成一个有趣的人——有读书学习的雅趣、反思写作的兴趣、乐于工作的志趣、热爱生活的情趣。

第二章/
这些事，一定不能做

　　有人说，细节决定成败。也有人说，把每一件简单的事做好就是不简单，把每一件平凡的事做好就是不平凡。这些话我都很认同。其实，我们的教育，没有什么惊天动地的大事。我们做的，都是一些看来琐碎、平凡的小事，甚至是小事中的小细节。而这些细节做得好坏，将决定我们教育的成败。

与家长交流时，讲孩子的坏话

我教三班和四班的语文课，做四班的班主任。课余时间，跟三班的孩子们相处时间不多，跟家长的联系就更少了。但是三班的很多家长有事都喜欢找我，甚至到了学校，宁可找我交流，也不愿意跟孩子的班主任阿周接触。有些家长甚至当着阿周的面夸我，说小孩儿很敬佩我，也很听我的话，弄得我在阿周面前很尴尬，总觉得是抢了阿周的功劳。

为何家长对阿周这么不满呢？

据家长跟我说，阿周虽然是个男老师，但就像个事儿妈一样，特别喜欢告状。他把孩子在学校的情况及时反馈给家长，好让家长引起重视。这当然好，问题是阿周在告状的时候，总是忽略讲述事情的经过，而是极尽所能地说孩子的坏话，基本套路是：先说习惯不好，再说性格不好，最后一定要落到品质不好，末了，还不忘倒打家长一铁耙，说家长是孩子的第一任老师，孩子这么差劲，家长是怎么教的、怎么做的榜样。

阿周第一次当家长面把孩子贬得一文不值时，家长心里就算不爽，也不好发作，毕竟在家长心里，班主任是得罪不起的。但是贬斥的次数多了，家长心里就极其不满了。有些家长会跟阿周当面起争执，弄得大家不欢而散，学生也极其尴尬。有些家长很有脾气，直接拒绝到学校，阿周只得打电话跟家长沟通，家长一看是阿周的电话，干脆不接，甚至把阿周拉进了黑名单。

于是阿周就经常在办公室吐槽，说他班孩子的家长既护孩子的短，自身也很有问题，这样的家长能教出什么样的孩子，难怪他的班级班风和学风都很差，每次考试他的班级都获得年级倒数几名，这都是因为家长素质太差了。

事实上，他班的学生每次考试排名沦为年级倒数，他作为班主任是难辞其咎的。我教他班的语文课，发现其实孩子们还是很想学的，但因为他对每个孩子都持否定态度，尤其是当家长面把孩子说得一无是处。家长羞愧难当，回家就大骂孩子，然后，孩子到了学校就厌恨他，阿周在班上不论说什么，孩子们都唱反调；不论推行什么新政，都会胎死腹中。

后来我跟阿周说，如果你不改变你的沟通策略，你的班级还会更差，你的付出跟你的所得绝不成正比。阿周先是一阵迷茫，继而气愤地说："我一心一意对他们好，他们真是狗咬吕洞宾，不识好人心。"我说："好人心也要用好言语表达出来。我自己也是母亲，将心比心，对于一个母亲来说，即便她的孩子在别人眼里是一摊烂泥，在她心里也是一摊黄金！本来是摊黄金，你这个班主任却天天在她面前说是烂泥，你说她心里难受不？再说，孩子的那些缺点，家长难道不知道？如果他能搞定，还需要老师干什么？"

这么说来，是不是孩子明明犯错了，我们班主任也不吱声，还一味唱赞歌？当然不能这么极端，凡事都要讲个平衡。我们在跟家长交流的时候，先要从各个角度去挖掘孩子的优点，再言简意赅、就事论事谈下孩子的错误行为，最后满怀诚意地希望家长和老师一起努力，帮助孩子改掉某个不足，那么咱们的孩子就更优秀了。

这样家长和老师就站在同一个立场上了。末了再授意家长回去多说孩子的优点，至于缺点，轻描淡写提一下就行，当然也要与孩子一起制定改正措施。班主任要想通一点：你跟家长沟通的目的是什么？是为了帮助孩子成长得更好，所以你必须赢得家长的支持、孩子的信任。唯有这样，工作起来才更有效果。

制定规则后，朝令夕改

班主任小张虽然工作近十年了，但对于带班始终不得要领。苦恼无助之余向我求助。我告诉她如何进行班级管理团队建设、如何进行班级文化建设，至于问题学生的诊疗，我说："你先把班级建设工作做好了，整个班级呈现出积极的生长态势了，再着手问题学生的诊断与转化工作即可。"

小张听完我一番言说，似乎找到了路径，看到了希望，欢欢喜喜、满怀信心接手了一个新班级。

第一周，她跟我讲，她要制定班规了。我说："你不要急着制定班规，第一周你就了解下孩子，落实两个规矩就可以了，比如，首先要明确上课下课的时间，让学生做到准时进出教室；其次是孩子们进入教室后如何在自己的座位上坐好。"小张依我所言，在第一周落实了这两个规矩，不过她还是急不可耐地制定了班规。她把制定好的班规发给我看，我吓了一跳：密密麻麻有50条。首先，这么多的内容，孩子根本就记不住，就是老师自己也记不住。其次，班规太多，无法落实。无法落实的班规，最终只会变成一纸空文。

我告诉小张，班规内容太多，将规则与常规混为一谈。建议她暂时不要实施，而是跟孩子们再讨论，弄懂规则与常规的区别；告诉孩子们违反规则才惩罚，违反常规只需提醒和训练就可以了；制定班规的时候要先核心，再重心，抓大放小，制定5—10条就可以了，如有必要，也可以精简到5条。

小张嘴上应着我的话，但实际上没有再跟孩子们讨论，而是直接公布班规，并且在班里实施了。

在实施的过程中她才发现有些班规不适合自己的班级，于是大笔一挥，删掉了。过两天，又发现某个地方疏漏了，又大笔一挥，增加了某项惩戒措施。她这样改来改去，弄得孩子们不知所措、无所适从。开始，孩子们还能跟着她的节奏走，慢慢地发现她是一个朝令夕改、想当然的人，就不理睬她了。有些孩子甚至还学会了钻空子。唉！好好一个班级，又给她带乱了。学校领导看情形不妙，赶紧将小张的班主任职务撤掉了，小张为此气得哭了好几次，职业信心受到很大的打击。

其实，小张是一个很求上进的年轻人，主观上很想成功地带一个班出来，但学校领导对她彻底失去了信心，因为每把一个班交到她手里，这个班最终都会变得乱糟糟的，不得不再派一位优秀班主任去收拾烂摊子。

后来我跟小张交流，诊断她带班过程中的问题。其实，她的带班思路并没有错，甚至比很多老师都专业。那么她的问题究竟出在哪里呢？结合小张以前的具体做法，我们最后得出的答案是小张在制定规则的时候，前后不一致，并且朝令夕改。这种糟糕的做法使得她的班级纪律非常差，加上她比较情绪化，想一出是一出，致使她在孩子们面前缺乏威信，因此她想要进行团队建设，想要打造班级文化，孩子们都不愿意配合，总觉得会被她耍弄。

当孩子们认为班主任是在"玩"他们的时候，他们还会跟班主任一起向前冲吗？

所以班主任在制定规则的时候，一定要记住这几个原则。

（1）规则与常规一定要区别开来。违反规则是犯错，要受到惩罚；违反常规是失误，只需提醒和训练即可。

（2）规则一旦制定，就要前后保持一致，不可以朝令夕改。如若发现问题，需要修改，一定要与孩子们一起商量，师生意见必须达成一致。

（3）规则最好不要超过5条，常规最好不要超过10条。

批评学生时，牵扯到他的父母

我经常听到个别班主任在批评学生时，顺带把人家的父母拿出来评论一番。比如，气急败坏地指着犯错的学生咬牙切齿地说："看你那副嘴脸，我就知道你父母不是什么好东西！你也不是什么好东西！'有其父（母）必有其子（女）。'"

通常情况下，本来垂头丧气、一脸悔意的孩子，听到老师揪出了他的父母，并且还是带着鄙夷的口气进行负面评价，立即就像一架加足了油、铆足了劲儿的战斗机，毫不犹豫地跟老师开战了。我们都说"父母是孩子的第一任老师"、"孩子是父母的一面镜子"，这些话都没错。我们确实可以从孩子的言谈举止上看到孩子父母的影子。父母对孩子的言传身教确实能在孩子身上刻下烙印。但是，就算孩子的父母做得再不好，我们在批评孩子时，也没有权力把他的父母给牵扯进来。

首先从人情世故上来说，当孩子面否定，甚至指责其父母，是极不明智的，必然会导致孩子对老师的厌恶甚至抵抗。《陈太丘与友期行》一文中，陈太丘的儿子陈元方对骂他父亲的朋友说："对子骂父，则是无礼！"连年方7岁的小儿都知道当面责骂人家父母是"无礼"的表现，难道受过高等教育的老师会不知道？道理或许明白，但一旦落实到行为上，就等于零了。

其次从专业角度来讲，这种行为根本就不专业，纯粹是情绪性的发泄。如果是玩过家家的游戏，闹一闹也就算了，但这不是过家家，这可是教育大计啊！

我的态度是，孩子犯错了很正常。很多时候，犯错恰好就是孩子获得成长的最佳机会。这是教育常识，并非是为孩子找借口开脱。所以，班主任要正确看待孩子的犯错行为。另外，即便孩子是"惯犯"，其父母确实起了不好的榜样作用，或者说还进行了负教育，我们也没必要当着孩子的面去指责人家的父母。

通常情况下，孩子犯错了，比较有效的做法是，老师心情平静、态度温和、言语客观地找出造成这种错误行为的根源，然后对症下药，其他一概免谈。尤其是孩子的父母，最好不要提，即便要提，也要提其父母优秀的那一面、令你感动的那一面。我们始终要明白，孩子与其父母才是最牢固的关系，他们才是利益的同一方，所以，你要是损害了孩子的利益，父母就会不依不饶；同样地，你要是损害了孩子父母的利益，孩子也会不依不饶。

我们辛辛苦苦为哪般？还不是为了把工作做好，把孩子教好，帮助孩子成为最好的自己？既然目的已经非常明确了，那么我们就没必要给自己的工作之路铺设绊脚石了。

总翻学生的旧账

有个孩子跟我说，他的班主任是个很变态的人。我很吃惊，问他为何用"变态"一词来评价他的班主任。这种"将行为与品德挂钩"的评价方式我很不赞成。

那个孩子说，每次他班上有谁犯了错误，他的班主任都会摆着一张和蔼的面孔说："你说实话，不要骗我，我就会原谅你，从轻发落。"

我说："你老师的做法没错啊，我的学生犯错了，跟我说了实话，我也会原谅，也会从轻发落啊，这是班主任的常规做法，无可厚非。"

那孩子说："我们开始都相信他，老老实实交代了，老师也确实从轻发落了。可是，他并没有原谅啊。"

我说："既然都从轻发落了，也就表示原谅了，何以说没有原谅呢？"

孩子说："可是这事没完没了啊，老师会把这些账记下来，等到下一次再犯些小错误的时候，就会把以前的错误全部翻出来，里里外外说个遍，交代得越多，最后挨说就越多。"

看来这是一位喜欢"秋后算账"的老师了，难怪学生说他"变态"。即便是我，受到这样的待遇，我也会认为这个人是有些"变态"了。

做人做到这个份上了，确实是缺乏智慧的表现。其实，在真实的教育情境中，老师们并非不懂得教育学、心理学，甚至很多老师还是个中高手，谈起相关的教育理论那简直是舌绽莲花，头头是道，但真正落实的时候，却是奇形怪状、五花八门，甚至让人觉得不可理喻、匪夷所思。这是为什么呢？我以为除了专业意识不强之外，就是教育价值观出现了问题——根本没把学生当个真正的人。最后，我不得不说一点，那就是缺乏教育的智慧，甚至可以说缺乏做人的智慧。

有智慧的老师，遇到学生行为或者心理出现问题时，绝对是先问"为什么"，再求"怎么办"，并且在跟学生交谈的时候，一定是就事论事，不翻老账！唯有这样做，孩子才会配合，才会真正接受老师的指引，才有可能做最好的自己！

事情都已成为过去，往事都已成烟，你还翻出来干什么呢？能解决问题吗？

学生犯错时，将其叫到办公室

办公室里经常是众声喧哗，愤懑、牢骚之气弥漫。

一个老师愤慨地说道："这个月的绩效工资怎么少了几十块？什么原因？是不是被某些人吞了？"

一个老师阴阳怪气地应和道："肯定是领导又拿提成了嘛！或者是又多养了几个干事嘛！不从我们这些小教师手上抠，又从哪里去抠呢？"

"唉，现在的世道啊，你别想什么公道，就老老实实地当鱼肉吧！"部分人附和道。

参与议论绩效工资分配的人越来越多，办公室的气氛越来越压抑。突然，一声尖叫传来，打断了所有人的议论和叹息，大家纷纷转头朝发出尖叫声的地方看去。

原来尖叫声是"炒股控"刘老师发出来的。刘老师指着电脑屏幕上密密麻麻的数据，怒气冲冲地骂道："又跌了，老子今天一下就输了三千多块，算起来，我的钱这几天缩水了一万来块了，这个月我是白干了！"这时，平时炒点儿小股的老师赶紧围了过去，两个人头挨着头，叽里咕噜地讨论起股市来。

一个老师酸溜溜地说道："我有个朋友，初中毕业，100块钱起家，人家现在炒到300多万了。我苦扒苦挣十几年，别说100万，10万还没有呢，真是羡慕嫉妒恨啊！"

话题由绩效工资转到炒股上来，仍然是热烈不休。

正在大家为"炒股""吵"得热火朝天之际，张老师拍案而起，愤怒至极，骂道："简直垃圾！废物！这个题我讲了十遍了，叫他照着课件抄，都没抄对！"

张老师这话就像一根引线，一下子把蓄积在老师们心中的失败感引爆了。于是老师们同仇敌忾，纷纷挑出自己班里的"学困生"进行控诉，一个个说得咬牙切齿、痛心疾首，好像我们祖国的大好河山就要毁在这帮孩子手里似的。

正在大家准备进一步控诉的时候，坐在办公室最里边的一个女老师站了起来，大声说道："大家别议论了，备课吧，改作业吧，咱们可不能胡乱说话，污染了咱们祖国的花朵啊！"大家一听，赶紧停下来，扭头朝说话的女老师看去。女老师右手食指按着嘴唇，左手直往她旁侧指。啊，旁边竟然站着两个男孩，支着耳朵听得笑容满面。

有孩子在办公室里，老师们顿觉尴尬万分，赶紧正襟危坐做自己的事了。其中一个老师忍不住对两个男孩喝道："谁叫你们进办公室的？这里是老师办公和休息的地方，上课时间你们跑到里面来干什么？莫名其妙！"两个男孩小声地解释道："我们上课说话，是班主任把我们赶到办公室叫我们在这里反省的。"

"反省个鬼哦！你们倒是支着耳朵听老师说闲话哈，等会儿忙不迭地去告诉你们的同学，说老师在办公室怎么怎么的，是吧？"

"有些同志啊，就是有那个习惯，学生违点儿规就赶到办公室来站着。不知是怎么想的，难道把学生弄到办公室站着，错误就自动不犯啦？"

"办公室是什么地方嘛，就相当于一个工作准备间。工作的间隙，难免要发些牢骚啊，说些消极话啊，但我们说归说，做事的时候还是很认真的啊！"……

老师们你一句我一句地说着，不难听出，话语里有解释的意思，同时也有心虚的感觉。

我知道，老师们并不是因为发了牢骚而难堪，而是担心那两个孩子把在办公室的见闻传出去，既影响自己的形象，又破坏师生关系。班主任本来是想把学生叫到办公室反省的，结果老问题没解决，还产生了新问题。

剥夺孩子的受教育权

语文老师小刘拿着课本，迈着轻盈的脚步，满面春风地去上课。进到教室，扫了一圈，发现学生小康不在，便问其他学生："小康呢？怎么没在？"

"被班主任叫到办公室去了。"孩子们齐声答道。随后有一个声音抱怨道："他就这样啊，经常把人喊到办公室训斥，耽误我们的课。"小刘老师有点儿恼火，为了这节课，她准备了两节课，要是这孩子没听到，找什么时间补啊？想到这里，就叫坐在门边的一个孩子去办公室把小康叫回教室。

那孩子应声而去，转眼即返。小刘老师问："人呢？""班主任说等一会儿。"孩子答道。小刘老师不好再说什么，只得上课，一直到下课，小康也没回来。

小刘老师满心不悦地回到办公室，看见小康蹲在班主任的脚边，正被班主任训斥着呢！小刘老师压不住心中的火气，当场发作，满脸怒气地朝班主任吼道："你怎么搞的啊？老在我的课堂上抓人！我这节课讲新知识，这孩子欠下的债拿什么时间补啊？"

班主任被小刘老师兜头一吼，一脸委屈，指着小康，辩解道："他欺骗我，明明学习不在状态，还说自己努力了。他就是一个谎话连篇的坏孩子！"

小刘老师说她因为这事心中有了阴影，只要去那个班上课，就担心有孩子被叫走，然后就会心神不宁。而且，她对那个班主任很不满，看都不想看他，更别说与他交流班上孩子的情况了。

暂且不说小刘老师与班主任的人际关系如何，单说班主任到别人的课堂上"捞人"这事，委实做得不够恰当。我有个疑问：他只是在小刘老师的课堂上叫人吗？其他课堂上呢？

据学生们说，不管是谁的课堂，只要他想批评哪个同学，就把人叫走，根本不跟科任老师打声招呼。有时候，他根本不是找人谈心，而是看谁没遵守纪律，或者觉得谁不听话了，就把谁叫出教室打扫办公室、厕所等，说是做苦力以洗涤肮脏的心。

如果我们说这位班主任不负责任，那就不公平了。事实上，这位班主任特别负责任。他的学生告诉我，他还经常拿自己的英语课给学生做思想政治工作，有时一骂就是一节课。课欠下了，就去占体育课，班会课也曾被拿来上英语。

我问孩子们："你们喜欢他吗？""唔唔，"孩子们摇头说，"不喜欢。经常害我们耽误课，又没时间补。他还不尊重人。有些科任老师见他把人叫走了，很生气，不敢骂他，就只好骂我们。"

一个恨不得把心都掏出来给孩子看的老师，为何却不得人心？这是因为他负责过头了，或者说把力用错地方了。说得不客气点儿，就是缺少教育智慧，更缺少专业知识和专业意识。他以为苦口婆心地给学生做思想工作，孩子的思想就会变成他所需要的那样。可是他却忽略了，孩子本身就是一个有思想的人。他更不知道，不恰当的说教等于白说，甚至还有负面作用。比如，他评价小康的时候用了"欺骗"、"坏孩子"这些跟人品挂钩的负面词语。即便他前面对小康动之以情、晓之以理，说得声泪俱下、感人肺腑，小康也被感动得热泪盈眶，下定决心要洗心革面，但他后面这几个否定的带有道德绑架的词语一出口，就让前面的所有努力都白费了。

另外，这个班主任的潜意识里有很严重的自大意识，他根本就不懂什么叫尊重，既不尊重孩子的受教育权，也不尊重科任老师的教育权。随意把孩子从课堂上叫走，让孩子被动丧失受教育的权利，这其实是一种侵权行为。班主任在学生犯错后，确实有采取适当方式对学生进行批评教育的权利，这个权利在 2009 年教育部颁发的《中小学班主任工作规定》里也明文规定了。但是，没有规定批评孩子时可以剥夺孩子的受教育权。依据《中华人民共和国教育法》，随意停学生的课，是一种违法行为。

可在真实的教育情境中，有很多班主任随心所欲地停学生的课。我这样说，并不是要跟班主任对立，我自己也是班主任，没必要跟自己对立。我只是认为，班主任有一颗工作心，那是必要的，但同时，还需要一颗教育心。我们是教育者，是帮助孩子成长，不是打击孩子成长。

其实，帮助孩子成长有很多变通之道，没必要成为科任老师和孩子的仇人。孩子们犯错时，我们可以做到既及时处理，也不耽误孩子上课。班级管理，班主任既可以亲自上阵，也可以请科任老师参与。

通常情况下，学生的思想工作最好放在课余时间做，比如课间、放学后。如果这个时间也不能协调，那还可以给孩子写信，或者通过聊天工具、手机短信等把自己的想法传递给孩子。总之，如果老师有心跟孩子交流，一定能找到时间。

有班主任说，如果学生确实有重大纪律问题，非离堂处理不可，怎么办呢？我的做法是，如果孩子必须离开课室，那课前必须与科任老师沟通，以取得科任老师的理解与支持。同时还要对孩子可能因此造成的学业损失做好预案——课上有人帮他做笔记，课下有人辅导。如果上述铺垫工作没做好，就不要轻易把孩子叫离课堂。

点燃孩子的心灯，温暖孩子的心灵，祛除孩子心灵的污垢，有很多方法。比如，开展一些班级活动，通过集体去教育个体；也可以放部电影，用电影中的某个镜头去启迪孩子的心智；还可以听歌，听名家演讲，等等。干吗非得把孩子叫到跟前来苦口婆心地劝呢？自己说得很累，孩子听得也很烦，两败俱伤的事，何苦要干？

最后，我不得不说一句，如果班主任的人格魅力足以hold（控制）住学生，孩子犯错了，犯得着大动干戈吗？还有，如果班主任的专业知识足以震撼住学生，犯得着做那种既得罪人又无效的事吗？说来说去，班主任自身的成长极其重要！一个不想进行专业成长的班主任，你越努力，不是越幸运，而是越不幸！因为你在"毁人不倦"啊！

当着孩子的面说另一个孩子的坏话

一天在办公室里，王老师正在跟一个女生说话。

王老师说："小丹吧，真是不知羞耻！语文考了59分还在那里炫耀，真不知道她脸放哪里去了，蛋白质（"混蛋、白痴、神经质"的合称）到家了。"

女生嘿嘿地附和道："她自己不想学习，还煽动别的同学不要努力。"

"你今后不要跟她玩儿了，你跟她玩儿，你就毁了，知道吗？"

"嗯。"女生乖顺地应声，走了。

第二天，我刚走到办公室门口，就听到王老师在里面说："自己女儿没教好，还来责怪班主任。女儿不是妈教坏的，难道是我班主任教坏的？"

我推门进去，王老师赶紧凑上来诉苦："我跟你说，昨天那个小丹，语文考了59分，还在班里炫耀，并且还煽动其他同学不要努力学习。我还没在班上公开批评呢，她家长就坐不住了。今天一大早就打电话跟我理论，说我明知道青春期的孩子爱面子、叛逆，说话还那样刻薄。我刻薄什么了？她的孩子青春期，老娘我还更年期呢！"

说完，王老师气冲冲地走出了办公室。过了一会儿，两个女生一前一后地跟着王老师进来。王老师厉声道："小丹，你说，我哪里对不起你了？今天早晨你妈还打电话责怪我，说我骂了你。我骂你了吗？我在哪里骂了你？"

那个叫小丹的女生昂着头，冷冷地答道："你自己心里清楚。"

王老师被小丹顶得气结，转而朝向另一个女生，说："我昨天只跟你说了小丹几句，那叫骂吗？是你从中添油加醋搞破坏，是吧？"女生低着头，抿着嘴，不吭一声。看这个女生摆出一副"沉默是金"的架势，王老师恼怒了，斥责道："哎，真是看不出哦，你还是一个长舌妇。你难道不知道保守一个秘密比泄露一个秘密更加重要吗？你难道连基本的人际关系都不懂吗？我跟你说的话，你犯得着告诉别人吗？人家给了你多少好处费啊？……"

王老师不愧是语文教师，训斥起人来，简直是"黄河之水天上来——滔滔不绝"，而且口齿极其凌厉，表达异常清晰，条理特别清楚。

我坐在办公室里，字字入耳，心中极为不安，几次想阻止王老师"口吐狂言"，但王老师的攻势实在是太强大了，我一句话都插不进去。

上课铃终于响了，王老师不得不停了下来，拿着书本朝办公室门外走去，走到门口，还不忘回头厉声斥道："这节课你们就甭上了，给我站在办公室里反省！什么时候想清楚了，什么时候来找我！"说完，扭头扬长而去。

当天下午，办公室来了两个女人找王老师。一个自称是小丹的母亲，说她的女儿因受到班主任的背后羞辱，不愿意来读书了。另一个是泄密女生的母亲，她说她的女儿中午回家饭也不吃，就躺在床上哭，问她是怎么回事，先是怎么都不说，后来问得紧了，才说是班主任早上骂了她，骂得很难听。

真是"三个女人一台戏"，说着说着，三个人就吵了起来。后来德育主任来了，好言相劝，仍然无效。德育主任只得厉声说道："你们是来解决问题，还是来吵架的？如果是存心来吵架，好啊，我马上报警，请你们到派出所吵去！"吵架这才停止。

在学生面前搬弄是非的老师，最让学生讨厌了。孩子不懂得保守秘密，你在这个孩子面前数落了那个孩子的不是，转回身，他就有可能去告诉那个孩子，然后，师生关系弄得一团糟。那么教师该如何做呢？我以为当面批评、背后赞美是比较好的策略。当面对一个人大加赞赏，总有吹捧之嫌。所以，班主任完全可以背着学生对其大加赞赏，然后，这样的赞赏被那些喜欢传播小道消息的孩子传出去，那个被赞赏的孩子心里一定会暗暗地感激你，甚至把你奉为知己。

在班里泄露孩子的隐私

学生小兰上初三时，她的父亲得了肝癌，被检查出来时已经是晚期。小兰是一个非常孝顺的女孩，闻讯之后，大哭一场，然后抹掉眼泪，毅然决然地奔赴四川大学华西医院，哀求主治医生，要割肝救父。主治医生摇头叹气说："孩子，一是你父亲的肝癌已到晚期，难以救治；二是你还是未成年人，你自己的肝都还没发育好，怎么能割肝救父呢？"

小兰的父亲没有扛过三个月就去世了。

一向柔弱的小兰竟然没有流一滴眼泪，甚至没有缺一天课。这也太超乎寻常了吧！要是换作我，父亲去世了，我不哭得死去活来才怪。可这个小兰，竟然当什么事都没发生过。莫不是她伤心过度，从此性情大变？

有了这样的想法之后，我对小兰处处小心应对，时时百般呵护。生怕不小心说错一句话戳到她的痛处，又担心她物质短缺心生自卑。于是呵护之下又悄悄地帮她筹钱、筹物。可是，我呕心沥血爱着的学生，在中考前夕，竟然不辞而别了。

我一直想不通，我视小兰如己出，几乎把我所能给她的都给了她，为何会得到这样一个结果？

小兰离家出走了，当时没人知道她的去向，她好像从人间蒸发了一般。

三年之后，小兰的一个好姐妹向我揭开了谜底。

她说："小兰之所以离开，是因为压力太大，没有自尊，没有友情，内心焦虑，几近崩溃，不得不走。"

我愕然，感叹道："亏我对她那么好，她竟然还觉得压力大、没自尊，真是不知感恩啊！"

她说："不是小兰不知感恩，小兰其实挺感激您的。只是，您当初对她的关爱已经超过了她的承受能力。尤其是您那旁若无人、毫无顾忌的关心，让其他同学羡慕嫉妒恨，硬生生地把她给孤立起来了。还有，您在全校大会上公开她父亲去世的消息，还为她募捐，她觉得您泄露了她的隐私，很气愤，也很伤自尊。她爸爸临死前叮嘱她，要坚强，要快乐，不要轻易接受别人的馈赠，更不要渴望别人的施舍。她谨记她爸爸的话，所以把伤痛埋在心底，坚强乐观地活着。可是，您那些露骨的关心，给她增添了沉重的心理负担，也把她推向了恐惧的边缘。这才是她不辞而别的原因。她跟我说过，这一辈子都不会再见您了。理由是，当初老师过分的关爱让她难以承受，令她做出了极端的行为，她觉得愧对您，没脸来见您。"

孩子不论多小，都有自己不想公之于众的事情，凡是他不愿意告知别人的事情，都可称为隐私。班主任一定要明白一个理儿：守护学生的隐私就像守护自己的生命一样重要。即便有什么非说不可的，也要事先征求当事人的意见。班主任不仅要守护好孩子的隐私，并且还要教会孩子守住自己的隐私，更要杜绝班里孩子闲来没事去挖掘别人的隐私。在学生眼里，老师守住了他的隐私，就是对他最大的尊重，他会在心里感激你一生一世。相反，你若泄露了孩子的隐私，他会恨你一生一世，而其他孩子见了你也会退避三舍。

当众羞辱孩子

我负责学校德育工作的时候，处理过这样一件事情。

一天早晨，我被自动开机的手机铃声惊醒。想着没有早自习，就想留恋一会儿被窝。哪知眼睛刚眯上，短信铃声就响了。虽然睡眼迷离，但我还是打开看了看，一看，睡意全无。

钟老师，举报老师的电话号码是多少？请你告诉我，好吗？谢谢！小松。

惊疑之际，又来了第二条短信。

钟老师，你说一个老师可以乱打人吗？今晚易老师讲考试卷，我只不过反应迟钝了点儿，他就给我来了个"鹅蛋"，下手很重，现在还有一个大包。他凭什么这样？我要告他！小松。

今晚？疑虑之间，我低头看手机上发短信的时间，哦，算起来应该是昨晚了。昨晚发生了什么事？易老师上的是哪个班的课？

此种情形下，哪里还敢赖床？我立马翻身下床，洗漱，吃饭，然后去办公室看课表，找来易老师任教班级的学生询问情况。

学生说："昨晚先是评讲试卷，然后考试，不知为什么易老师火气很大，先是打人，后又骂人。""打谁？骂谁？"我问。"打小松，骂小超。"学生回答。"为什么打小松？"我问。"小松好像是不认真听课，也没做笔记。小松，确实有点儿调皮，学习又懒，挨下打也是活该。但小超挨骂我们大家都很不服气。"学生说道。"既然是打小松，那为什么又扯上小超了呢？"我问。"好像是说小超在与小雄说话。他们间隔四排，怎么说话呢？我不明白。我也不知道易老师是怎么想的，我坐在小超后面都没听到他说话，不知为何易老师硬要说小超在与小雄说话。"学生不解地说道。"那易老师是怎么骂小超的，你听见了吗？"我问。"当然听见了，全班同学都听见了。易老师骂：'这里不是养老院！你家离养老院那么近，你不进去，跑到这里来说话！你还是班长、学生会主席，什么班长？什么主席？看你样子就像从监狱出来的劳改犯！'小超就问易老师：'你在说我？'易老师说：'我不说你说谁？'小超急了，辩解道：'我没说话，如果我说了话我就会承认，我没说话就不会承认，我不是那种做了又不承认的小人！'易老师火很大，讽刺道：'你不是小人，你是大人！'"这个学生流畅地给我讲述了昨晚的事。由于他就坐在小超后面，所以情况他最清楚。

　　支走了学生，我想，易老师也算是一个资深教师了，他为什么会发这么大的火呢？

　　我又找来发短信的小松询问。小松话还没出口，眼泪就吧嗒吧嗒地掉了下来，委屈地抽噎着说："昨晚，我既没有妨碍老师上课，又没影响同学听课，更没有喧闹，只不过做笔记的时候反应迟钝了一点儿，易老师就打我，把我额头打了一个大包。"一边说，还一边拨开头发叫我看。我低头看去，果然在发际处有一个核桃般大小的包。我同情地说："还真是呢，肯定很痛吧！"小松更加激动，哭得更凶了，但思路清晰、语言流畅地说："我就要问问易老师，他凭什么打人？就算打人也要有理有据，无根无据打人我就不服！我要他给我一个说法，他当着61个同学的面打我，我就要他当着这61个同学的面给我道歉！如果不道歉，我就以牙还牙！或者上告！"

　　此时，小松心里充满了恨，情绪激动，给他说任何道理都等于白说。我要做的只是引导他把心里的委屈倒出来，待他心情平静了再来分析这件事不迟。再说，这件事发生了，总得有发生的理由吧，我也得听听小松前后桌同学的说法，以及班主任的言辞，才能做出准确的判断。

小松哭诉了一会儿之后，声音渐低，情绪也逐渐稳定了。我笑着说："我们先去上课，你也趁此好好收拾心情，上完课我就去找易老师交流，只要你需要，绝对给你一个说法，好不好？"小松点头答应："那我先下楼冲把脸。"我含笑点头。

接下来调查了小松前后桌同学，他们所说的与小松一致。另外，我也找了小超。小超所说的跟其他孩子讲述的基本一致，另外还补充了三点：一是他和小雄打手势是因为小雄看了小强的答案，他想问问小雄是什么答案；二是他帮同桌小林拍掉了后背的一根线；三是他扭头向后桌拿了一块削笔的刀片。最后特意向我强调：虽然连续做了三个动作，但自始至终没开口说话，因为在考试，教室里很安静，叫他说都没情绪。

我听完小超的讲述，说："你的确没有影响老师和同学，但有一点——你在作弊，这是违纪！""我承认是在作弊，但我为什么作弊？易老师根本就不看我们的试卷，他只看那些有可能考上重点高中的同学的试卷。既然他都不看我们的试卷，我们做与不做又有什么区别呢？"小超辩解。"评阅作业是老师的责任，他不阅，你们可以抗议，怎么能用别人的错误来惩罚自己呢？"我叹惋道。

每一个人都有一张脸。俗话说"人活一张脸，树活一张皮"，还有一句俗话叫作"打人不打脸，骂人不揭短"。这都说明人是要脸面的，是有自尊心的。如果老师不明白这一点，总爱当众责骂、羞辱学生，那么势必恶化师生关系，甚至还会引发师生冲突。相反，小心翼翼地呵护着学生的自尊心，或许，一时半会儿学生并不懂，但至少不会招致学生的怨恨和对抗。慢慢地，待学生懂得了老师的良苦用心，他的心里就会暖融融的，封冻心底的坚冰就会融化。

对学生实行一票否决制

李老师是一位已毕业两年的大学生，年轻、活泼、有特长，还是女老师。她还有一个很多老师不及的亮点，那就是身材苗条，面容姣好，弹得一手行云流水般的古筝。每逢学校搞庆典的时候，李老师一袭飘逸的白裙，坐在古筝前拨动她葱管似的手指，九天仙女一般，惊艳得台下一片尖叫。学校领导看她很有当班主任的先天条件，就安排她做八年级的班主任。

李老师踌躇满志地走马上任了。可是，还不到一个月，她就找到学校领导哭鼻子，说学生太调皮，太不听话了，班主任当不下去了。

按说，孩子们应该很喜欢她啊！

她有这么好的条件，为什么就当不了一个班主任呢？这究竟是怎么回事？

我私下找来李老师班里的学生一问，问题的根源就找到了。

原来，李老师的学生不满意李老师对他们的评价，他们认为李老师是一个不可理喻的人，同这样的人没什么好说的。

那么李老师是如何评价她的学生的呢？且听孩子们的心里话——

比如，她看见你迟到了，就说："我看你从没早到过，除了迟到还是迟到！"冤枉啊，其实我一个月就迟到了一次，并且错不在我，是我同桌生病了，班长安排我送他到医务室去，才造成我迟到的。她不问青红皂白就说我总是迟到。

我是负责教室锁门的。有一次大扫除，我没有劳动任务，就在球场打球，心想，等打完球，我再上楼锁门关窗。可我当时打得太兴奋了，把这事给忘了，打完大家叫走我就跟着走了。第二天，李老师看到我就一顿批评，她说："我把关门关窗的任务交给你，可是你，从来都没干好过，你太让我失望了。"我从来没干好过，这话也太离谱了吧！我哪一次不是认认真真地把门窗关好才回家啊？就出了一次纰漏，所有的功劳都没了。没有功劳还有苦劳吧？苦劳都没有了。

有一次，我忘记带作业本了，给李老师解释了两次，她都不相信，反而责备我说："忘记带作业本了？我看就是没有做！你除了撒谎还能做什么？"我心里真是气愤啊，忘记带了就忘记带了，干吗说我除了撒谎就不能干别的呢？

有一次，我禁不住小说的诱惑，忍不住在课堂上看了起来，被李老师抓住了。她很气愤，先是"哗啦"一声把书撕烂，然后"啪"的一声摔到地上说："你小说瘾硬是大得很啊，我看你从来就没认真听过一堂课，每天想到的就是如何避开我的耳目，然后钻到小说里去找黄金屋，去找颜如玉。"我真是无语啊！

还有更离谱的呢！有次小丽带了一部手机到学校玩，玩得正起劲儿的时候，李老师来了。小丽吓得赶紧把手机藏在裤兜儿里，但是晚了，被李老师看到了。李老师伸出手，厉声说道："拿来！"小丽心疼手机，捂着裤兜儿低着头不吭声。李老师说："不要以为我不知道你心里那点儿小算盘，无非就是想借助这个手机跟男生联系，想谈恋爱想到命里去了，以为我不知道啊！"小丽一听，火气一下子就蹿了出来，大声辩解道："这是我妈给我买的手机，我从来没跟男生联系过，我也没想过要谈恋爱！"李老师冷哼一声："别以为我不知道，你哪天不想谈恋爱？我看你不仅想谈恋爱，还想嫁人呢！"小丽气得哭了起来，反驳道："你才想嫁人呢！"然后冲出校园。

李老师的工作之所以无效，是因为犯了一个错误，那就是情绪化地对学生做出一票否决。这种做法只能招致学生极端不满甚至仇视的反驳。班主任要就事论事，有一说一，不要把事态扩大。

对学生轻易做出许诺

有一次，我"哀其不幸，怒其不争"地说："小宇，你怎么许诺就像喝稀粥一样容易啊，可是兑现诺言却像上刀山那样难啊？"小宇略显尴尬地说："唉，这是遗传哪！我妈妈就是这个样子。"于是，他就哇啦哇啦地在我面前"苦大仇深"般地控诉他的母亲是如何喜欢给他许诺、如何不讲信用、如何一次又一次地骗他。听到这里，我就想起了我刚做班主任的时候也像小宇的母亲一样喜欢给孩子许诺，然后不是忘了，就是无法兑现。几番折腾下来，威信大减不说，孩子们对我以后的言论总是半信半疑。

我还清楚地记得我做过几件与许诺有关的傻事，比如下面这件。

我做班主任有个习惯，那就是不管晚修是不是我负责，晚修前我都要到教室里走一圈。有一次，我走到教室，里面非常安静，每个孩子都在学习。我很感动，心血来潮，大声对孩子们说："只要你们每个晚修前都保持这样的状态，期末考试后，我就带你们去野外烧烤。"孩子们一听，激动起来，纷纷问我："老师，真的吗？不要骗我们哦！"我笑笑说："这次是真的，只要你们做得好，保证带你们去烧烤。"

孩子们信了我的话，每个晚修前都早早到教室看书、写作业。

期末考试完毕之后，我被调到镇里参加统一阅卷，这一阅就是三天。等我阅卷完毕回到学校，孩子们早已放假。

野外烧烤自然是组织不成了，再说，我压根儿就忘记了这件事。

第二学期开学了，报名、注册、扫除、发书，一切工作都有序地进行着。谁也没说什么，我彻底忘记了野外烧烤这件事。

又是一个晚修前，我到教室里去转转，看见很多孩子都在找乐子，有的在讲闲话，有的独自一人玩耍，有的默默无语在看课外书，更有那么一两个坐不住的孩子在教室的过道里追来追去。总之，教室里就像一锅煮沸的粥热烘烘，闹哄哄。

一看这场面，我真是气不打一处来，呵斥道："都初三的学生了，还这个样子，怎么中考？上个学期晚修前纪律多好，就一个寒假，香肠、腊肉就把你们吃撑了啊？"

孩子们听到我呵斥，个个噤若寒蝉，露出不同的表情。有的孩子把嘴巴一撇，用手上的笔戳戳桌子，然后故意把翻书的声音弄得很大；有的孩子不理不睬，不言不语，坐在座位上发呆。我很不满意孩子们这样的状态，指着一个撇嘴的孩子说："你刚才那表情，谁欠你的啊？我借了你的米，还了你糠吗？"孩子没有辩解，低着头摩挲着桌面。我又指着他的同桌说："起来，你说，你刚才也是这副表情，对我不满啊？不满就说出来嘛！我不是跟你们说过，师生也是朋友，只要不辱没我的人格，就可以直言不讳啊！"

或许是因为我的咄咄逼人加诱导吧，那个孩子竟然嗫嚅着开腔了："您上个学期给我们许诺，说期末考试之后带我们去野外烧烤，结果您人都不在，我们都觉得被您戏弄了。"

我一听，"啊"的一声张大嘴巴，是哦，我确实给他们许了这个诺言，确实又没有兑现，并且还只字未提。

我尴尬地张着嘴，继而自嘲一笑，说："是啊，我真是失信于大家了，我给大家道歉，找个时间咱们补上。"孩子们的脸色这才生动起来，他们纷纷叫道："好！"然后掌声雷动。待掌声停下来，班长竟然站起来了，不紧不慢地说道："老师，这次可别放我们鸽子啊！说实话吧，您都放我们好多次鸽子了，我们都不知道信您哪句话了！"

班长的话让我惊讶得瞪圆了眼、张大了嘴，我虚弱地问："我真的给你们许了好多诺言没兑现吗？""嗯。"全班同学都点头。

天哪！我竟然红口白牙地许诺，却又不兑现，难怪孩子们最近一段时间对我总是爱答不理的，敢情他们认为我是一个口是心非、言而无信的人啊。

孩子们对我的人格产生了这样的质疑，我还能带好什么班呢?

这件事给我的教训就是：永远不要轻易许诺，因为许下诺言就要兑现，在不敢保证自己能否兑现诺言之前，最好的办法就是不要向别人许诺。

经常在课堂上斥责学生

菲菲老师黑着脸冲进办公室，把手上的教材"啪"的一声丢在办公桌上。然后坐下，深呼吸，待那股怒气稍微消了一点儿之后，山洪般的抱怨冲口而出："简直遇到了一群畜生！"

我不知道"畜生"怎么惹着她了，只是默默地看着她，等她说下句。她怒气稍平缓后说："我上课时有两三个学生说小话，有两个学生看漫画，更可恶的是，还有两个学生在传递漫画。"我淡淡地"哦"了一声，心想，这些孩子还够不上"畜生"的级别吧！

她继续说："我叫他们把漫画给我递上来，他们竟然不递，我就下去拿，小俊还把漫画死死捂住，我就硬抢。抢到漫画后我转身到讲台上，双手一扬就给撕了。刚撕完，小俊就从桌洞里又拿出一本，挑衅地说：'撕吧，撕了我还有。'我又下去抢来撕了。他又拿出一本说：'撕吧，我家里还有，堆起来，比你还高呢！'我气得呀，恨不得马上给他两个耳光，我就骂他：'你不是人！'他要死不活、阴阳怪气地回答道：'我不是人，我是神！'你说，这样的学生咋教啊？真把我给气死了。马上就期末考试了，咋还这样呢？"我不想继续听她发牢骚，截住她的话头笑着说道："那你真是惨败而归了，等下我去会会他们。"然后转过头做自己的事，同时，也没停下思考。

说起这个菲菲老师，故事还挺多。她在课堂上斥责学生犹如家常便饭，学生也习以为常，要么不理她，要么就顶嘴，经常气得她七窍生烟。

所谓课堂，就是供学生学习的地方，因此，只要课堂不出现大问题，就不必涉及与课堂无关的事情。可是有些老师全然不管这些，只要有谁妨碍了他的课堂，他马上就会黑着脸、疾言厉色地斥责学生，甚至还歇斯底里地叫道："你给我滚！"学生于是叫着"滚就滚！"然后不知滚到哪里去了，最后，老师还得到处去找人。

还有一种比较冷静且又有主见的孩子就会质问："凭什么叫我滚？谁也没有资格剥夺我受教育的权利！"最后，师生唇枪舌剑，要么是教师虚弱地败下阵来，要么是师生两败俱伤。苛责是一枚易爆的手榴弹，时时苛责，时时就有可能中弹。所以，对于那些不遵守课堂纪律的学生，最好的办法就是在课余时间像牛皮糖一样黏住他，给他说道理，给他补课，直到黏到他崩溃，不得不投降，说："老师，我再也不敢在您的课堂上违纪了。"这就算大功告成了。

让学生知道你心里有团火

一个年轻老师跟我讲，她读初中三年，班主任一年一换。其中一个班主任，几乎不受任何学生喜欢。为什么？因为他太喜欢发火了。每次发完火，就在大家目瞪口呆的时候扬长而去，吓得孩子们大气不敢出，面面相觑，不明所以。

班上有个叫小梅的女生，反应有些慢。这个班主任也不知是怎么回事，明知小梅的情况，偏偏爱叫小梅起来回答问题。小梅答不上，他就会讽刺："是不是冬天太冷了，把你脑子冻僵了啊？还小梅呢，我看遇到你我才倒霉！"骂完小梅，他使劲儿用手上的教鞭敲一下讲台，开始向大家发火："我真是倒霉透顶，遇到你们这群笨猪，我早说不来接你们这个班，学校领导硬是要我来，我真是受尽折磨啊！懒得理你们！"真是莫名其妙，小梅回答不上问题与全班孩子们何干呢？为什么孩子们都成了"笨猪"呢？

还有一次，据说是因为评职称，本应该他被评上的，结果名额最终落到了副校长的妻子头上。于是他冲孩子们发火："教什么教？再努力教也是白搭，教出来也是一群忘恩负义的东西！"他没评到职称，与孩子们何干？还有，他凭什么就认为孩子们是一群忘恩负义的东西？不过，话说回来，他眼里的这群"笨猪"毕业之后还真成了他口中的"一群忘恩负义的东西"，因为没有一个孩子去看过他。不是大家忘记了他的授业之恩，实在是大家都怕他，怕听到他发火的声音，也怕看到他发火的脸。

通常情况下，他一发火，孩子们就特意摆出垂头丧气的模样听着，其实心里在发笑。等他把火发完，趋于平静，孩子们再抬头，小心翼翼地配合着他讲课。所以，他一直觉得这个班的孩子老实，即便是雷霆万钧，谅他们也不敢怎么样。他们确实不敢怎么样，小小的孩子，在强势的老师面前，就好比一只看见狼的小绵羊，哪敢哼声啊？

不过，有一次，他终于惹到了一个女生，让他吃了苦头丢了脸。

话说这个女生不知从哪里弄到一个音乐盒，爱不释手，上课了还在捣鼓。她的行为被这个爱发火的班主任看见了，于是他的火气一下子就蹿起来了，他将手中的书猛地朝她掷去。她可不是省油的灯，身子一扭，轻松避过飞掷过来的书，嬉皮笑脸地说道："嘿，没砸到。"这个班主任气得啊，从讲台上冲到女生桌旁，伸手就去拖她，试图将她拖出教室。她死死抓住桌子，说："君子动口不动手！"这个班主任气愤至极，骂道："你是什么君子？你是妇人！老子才是君子！"女生听到"妇人"两个字，那真是义愤填膺，反击道："你是什么君子？你就是一个伪君子！你以为你是老师你就不得了！你问问班上的同学，哪一个不恨你恨得出血？"

"什么？我是伪君子。"班主任的火更大了，竟然甩了女生一耳光，骂道，"看你拿着个音乐盒搞来搞去就不是什么好东西，还自以为是，你以为你长得漂亮，哪个男的看得上你？"

班主任的火越来越大，话也越来越毒。女生的气越来越重，拳头也越捏越紧，终于，她挥拳朝班主任的鼻子打了过去。

接下来的场面是，孩子们吓得尖叫，女生弄得披头散发，班主任整得满脸是血。最终以女生退学，班主任受处分收场。但是，这件事给每个孩子的心里都留下了阴影。以至于这个班的孩子长大后，好多人都对教师这个职业心存偏见。

这当然是一个很极端的案例，但是，像这种随心所欲当着孩子们的面发火的老师并不少见。

一个心态平和、面容慈祥的老师比那些火气直冒或者满面寒霜的老师更让学生敬重。其实，不论修为多深的老师，当看到学生一而再，再而三地违纪时，心中总是有股火想冒的。高下不同的是：道行深的老师，懂得把那团火在适当的时候熄灭，不让学生看到；道行浅的老师，则要现场直播，闹得天昏地暗、人仰马翻，结果，学生在一旁看笑话偷着乐。

随意向家长告状

我带"一心走路班"（班名）时，第一次策划开家长会，请孩子们通知家长到学校开会，孩子们马上一脸抗拒地说："不要啊！家长来了，我们就没好果子吃了。"我马上换了一句话，说："那我去你们家里家访，不劳烦你们家长走路了。"那些孩子更加抗拒，说："老师，千万不要啊，等你一走，我们就要挨骂挨打啊。"

我问他们为何抗拒家长到学校来、老师到家里去，孩子们异口同声地说："家长会就是告状会，家访就是老师到家里去告状，老师一告状，我们就要倒霉。"

我笑笑说："我不告状啊，我只是和家长聊聊天，从多个角度认识各位，免得我说错话，做错事。"

孩子们纷纷摇头撇嘴，严重表示不相信地说："我们小学读了 6 年，就被老师告了 6 年状，哪有老师不告状的哦！"我拍着胸脯保证说："我与别的老师不一样，我敢拿我的人格做担保，我绝不告各位的状。"

由于拿了人格做担保，孩子们才勉强同意，但仍心有余悸，反复地问我"真的不告状吗"，直到我反复保证，他们才算按了确认键。

我确实不会轻易向家长告状。因为我深深地明白，如果家长是一位懂教育的人，他的孩子在学校是不会太出格的。反过来，他的孩子在学校里总是惹是生非，说明这个孩子的家庭教育可能出了问题，告也是白告。家长把孩子送到学校里来，就是希望老师帮他解决麻烦。

有些老师，特别是一些女老师，只要碰到学生犯错，立马拿出电话向家长告状。那边家长听了不愉快，这边学生知道了心里生恨。电话费花了，还两头不讨好。家长不理解你，学生心里恨你，你说，这样的告状有效果吗？

随意向家长告状会产生哪些麻烦？我们不妨来梳理一下。

首先，会让学生对老师失去信任。信任是师生感情的基石，没有这块基石，后面做的将全是无用功。

其次，会让学生认为老师无能，从心底里瞧不起老师。学生对老师没有敬意，哪有爱？没有爱的教育还叫教育吗？

再次，会引起家长的怨恨。现在的家长也不容易，上有老，下有小，工作压力很大，本身就非常焦虑了。如果我们总是把与他孩子有关的焦虑转嫁给他，而他又没有能力化解，那么家长就会把因这份焦虑引发的怨恨投射到老师身上来。老师不但得不到家长的支持，还遭到他们的怨恨，无论你多么努力，都是白搭。

最后，会让自己陷入焦虑之中。老师在给家长传递负面信息的时候，自己的心态也处在消极之中。用消极的心态跟家长沟通，不论是语气还是用词上，都会欠平和，所以很容易引发人际纠纷，结果不但事情难解决，还会把自己的心情弄得一团糟。

因此，我以为班主任在学生犯了错误后，千万不要轻易向家长告状。当然，如果学生犯的错误已经超越了校规、班规的底线，比如，与同学打架斗殴，把人家打得进医院了，这个时候就必须通知家长了，因为这是家长应该解决的问题。

随便对学生的未来下判断

我的小学启蒙老师曾对我的未来做过判断，说我读书不行，这辈子也就能给我的幺哥提皮鞋了。时至今日，我不仅没沦落到给幺哥提皮鞋的惨况，而且在我的同辈之中，我的生活境遇还是最好的。

我初中的老师也对我的未来做过判断，说我"懒翻身"（懒惰、不思进取之意）一个，我要是考上了学校，他用手板心煎豆腐给我吃。结果，我中考时，竟然考出了师范类全县第一名的好成绩。我算是个宅心仁厚的孩子，不然，我就要去找我的那个老师，我倒要看看他究竟有什么样的本事，可以用自己的手板心煎出豆腐来。

还有一个老师，对我的职业也做过判断，说我一辈子只能在乡村小学工作。我确实在乡村小学工作过，但我从未放弃过自己的教育理想。我从乡村小学一步步教到镇级中学，再到省城学校，最后来到深圳的学校。

我儿子读小学的时候，由于调皮、好动，他的老师也曾对他的未来人生做过判断，说他今后是个没出息的孩子，要给父母惹祸。事实证明，自从我儿子离开那个老师之后，从未给我惹过半点儿麻烦，相反，不管读到哪个班，他的老师都非常喜欢他，夸我们家庭教育做得好。

有一段时间，我负责学校的德育工作，有不少孩子向我投诉他们的班主任，说班主任吹毛求疵，说话极端，抓住一点儿鸡毛蒜皮的事就要对他们的人生做各种预测。比如，有班主任说有些男孩子成绩差，又调皮，长大之后找不到工作挣不到钱，还讨不到老婆；有班主任因为孩子打架了，就说这个孩子今后要坐牢，甚至还要把牢底坐穿；有班主任对一些脾气急躁的女孩子说她们今后要被男人打得鬼叫，等等。几乎都是消极的判断，都是负面的判断。

　　说实话，这些老师也够胆大妄为的，你凭什么判断孩子的未来人生呢？仅仅凭你眼前看到的那些点滴，你就可以以点带面地做出判断？简直缺乏逻辑，也缺乏严谨的专业意识。

　　孩子是不断成长的，不仅会接受外来的教育，他自身还有一个自我教育、自我修复的系统，所以，孩子的人生是最具有变数的。仅凭一些鸡毛蒜皮的事就对孩子的未来做出判断，实在是太武断、太幼稚了，也太不明智了——这显然是在给自己下套嘛！

　　作为班主任，我们可以就孩子的某个不良行为做诊断，然后帮助孩子改正，千万不要因某种不良行为就扯到孩子今后的人生上去，孩子的人生你说不准！还有，经常对孩子的未来人生做判断，不仅会降低你在孩子心目中的威信，还会引起孩子的敌视，甚至公然的抵抗。这样一来，教育的效果就会大打折扣，甚至消减为零。难道你辛辛苦苦地工作，要的就是这样的结果吗？

这 22 个细节，你千万不要拥有

以下细节是我做教师多年，在不同的学校亲眼看到或亲耳听到的，绝非我杜撰的。

1. 总有那么一些男教师在操场、办公室，甚至教室里吞云吐雾，烟头随手扔。既没人问，也没人管，他们恍如在自己家里一般，非常自在。几乎每一所学校都不允许学生抽烟，但是却忽略了一个非常重要的问题：很多学生成了二手烟受害者，甚至找到了抽烟的借口。

2. 有一些教师，无论男女，或者是亲朋好友有喜事，或者是呼朋唤友庆祝一些事情，或者是心血来潮、情不自禁，时不时来个推杯问盏，真可谓"酒逢知己千杯少"。于是乎，喝得红光满面、满身酒气，要么满口胡话，要么昏昏沉沉不知所云。这要是逢假日也未尝不可，一醉方休也算人间一桩美事。但以这种状态走进教室，我想，美事就变成了丑事。而且我经常看见这样的丑事在上演。

3. 有那么一小撮教师穿着很随便。男教师穿得邋遢、随便，女教师穿得暴露、另类。在一些乡镇学校，夏天有些男教师公然在校园里赤裸上身，脚跋着拖鞋，而极个别的女教师则穿着几近透明的服装在学校里招摇。

4. 有些教师在学生面前随意评价领导、同事，一副没心没肺、口无遮拦的样子。殊不知，你在前面说，学生就在后面学，影响非常恶劣。

5. 有一些教师，不论是课间还是上课时，坐在办公室里不是备课改作业，而是高谈阔论，所说无非是某某单位的待遇有多高、某某高官贪污了多少等。逞尽口舌之快，说尽人间不平事和花花事，可自己的教育理念过了 N

年还是一成不变。

6. 下班了，办公室空无一人，但是你会经常看到：电扇不停地转着，电灯不倦地亮着。到了教室，老师却口口声声要求学生节约用电，怎么看，都觉得是一种讽刺。

7. 很多老师从椅子上起身后，椅子离位，然后转身走人，从来不愿意顺手把椅子塞进办公桌下。于是，椅子们横七竖八、交错堵道，要叫个学生来办公室聊天，他们还得跳一曲"芭蕾舞"方能来到你的身边。

8. 学校水龙头坏了，白花花的水哗哗地流着，看了心痛极了。告诉总务，总务说，要找校长；找到校长，校长说，随便找个人修修。结果，无人问津。水就在孩子的眼皮子底下纵情地流。可每一次开会，校长和总务都会反复强调节约用水、用电，只听得下面一片冷哼之声。

9. 老师之间因为一点儿小小的矛盾，便吵得翻天覆地，恨不得你吃了我，我吃了你，所言极尽恶毒之能事。学生在一旁看得呵呵直乐，心里怎么想，不说也知道。

10. 上课铃响了好一阵，孩子们候课时的歌声都停止了，老师才拿着教本懒懒散散地往教室走去。但是，只要看到某个学生比自己来得还晚，马上就拉下脸说一通诸如"要守时，要有时间观念，时间就是金钱，时间就是效率"等大道理。你只要仔细观察一下，就会发现一个有趣的现象：上面老师嘴皮不停移动，下面孩子嘴巴不停撇动。

11. 有这么一类教师，上班时间要么说股票，要么关心自己网上的农场、牧场，或者几个人聚在一起开小会，上课了，拿起课本站上讲台就开讲。上面老师昏昏然，下面学生岂能昭昭然？

12. 有个别老师练习册上的作业从来不讲评，而是让学生比照着答案照抄。学生抄得连个标点符号都不错。然后收上来，眯着眼睛画钩钩。领导检查说这是评阅得最好的作业，不用说，优等。

13. 劳动时，学生干活，干得汗流浃背、如火如荼，一些老师要么在一旁指手画脚；要么双手环抱，悠闲自得地"作壁上观"。

14. 有个别老师明目张胆、毫无顾忌地喜欢学习成绩好的学生，厌恶成绩差的学生。对优生，满脸笑容，满口夸奖；对问题生，横挑鼻子竖挑眼。不仅如此，还有很多"经典"用词，诸如瘟神、笨猪、瓜娃子、孬火药。

15. 有个别老师说话、做事情绪化。高兴了，学生个个是乖乖；不高兴了，学生个个是敌人。心情好时，表扬的词语一箩筐；心情不好时，全盘否定学生。与这样的老师打交道，孩子惊恐万状，无所适从。

16. 个别兼任了中层干部的班主任，有些自私狭隘。别的班级违纪，扣分如秋风扫落叶；自己班违纪，绝不扣分。别的班有错，到处宣扬，恨不得置之死地，使之永无翻身之日；自己班有错，千方百计掩盖。

17. 有一些班主任如果自己班的学生违纪被扣了分，不是找领导吵，就是找扣分的学生干部闹，甚至还谩骂、威胁。

18. 有个别老师进出学校、上下楼梯，看到垃圾视而不见，可是却在大会小会上大言不惭地说"校园是我家，清洁靠大家"，要求学生爱清洁，保持清洁，随时随地弯腰捡起地上的垃圾。

19. 有个别老师公然说谎。尤其是迎接检查时，不仅自己说谎，还教学生如何说谎来应付上级主管部门的检查。

20. 有个别老师逃避上课，认为能离开讲台，少上两节课是最大的成功。还有个别音乐老师、美术老师，因为所带科目不参加统一测试，所以根本不按课标上课。领导不关注时，把学生放出教室玩耍；领导看得紧时，就让学生待在教室自己学。

21. 集会时，学生站在烈日下，老师却站在浓荫里。

22. 上课时，学生很投入，老师包里的手机却响了。所有人都安静下来，几十双眼睛盯着老师在教室里声如洪钟般地接电话。老师说得嘴巴歪了，孩子听得嘴巴扁了。

或许这些细节曾经或者现在出现在某些教师身上。他们出于无心，并不觉得有多严重，但事实上，这些细节严重地伤害着我们的孩子，极有可能给孩子们传递一种消极的信息，误导他们，从而把他们带上一条谬误重重的道路；也有可能引起孩子的蔑视和反叛，甚至对学校、对老师的仇恨和厌恶。为师者，一旦失去了学生的信任和爱戴，你所说的，还起什么作用？

第三章
高效管理班级三大核心问题

很多班主任都抱怨自己的工作又忙又累，又苦又烦。迄今为止，我做了 25 年班主任，也觉得忙和累，但却从未觉得苦和烦，甚至还感受到了忙碌里面的快乐、劳累之中的幸福。为什么呢？因为我从不会在一些无用的琐事上浪费时间和精力。我在围绕班主任工作核心——帮助孩子精神成长的同时，把工作重心放在班级管理队伍建设、核心领导层建设、班级文化建设三大块，轻轻松松就把一个班级经营得风生水起了。

如何打造精锐的班级管理队伍

一个班主任身边一定要有一支能管理、善管理的班级管理队伍，这样，你才能从繁重的事务性工作中解放出来，才能诗意地栖居在校园里。那么，如何才能构建一支精锐的班级管理队伍呢？

一、班干部建设"十步曲"

一个新班的班干部建设一般要经历十个步骤，才能取得真经。

第一步，调查。不管阅人能力有多强，你都可能会有看走眼的时候。因此，为了提高阅人的准确性，班主任最重要的工作就是调查。调查分两种：一种是书面调查，一种是口头调查。书面调查可以设计一张表格让孩子们认真填写，表格要涉及孩子以及孩子家长的基本信息。你通过这张表格就会看出很多信息，这可以为你指认班干部提供依据。口头调查就是询问孩子以前的班主任，或者是家访，或者是私下找同学询问。

第二步，指认。面对一群新学生，班主任很难选择班干部，所以，只能凭自己对学生有限的了解，临时指认一些看起来是得力干将的孩子组成班干部队伍。只要有了"临时政府"，班级就可以正常运转。班主任在指派班干部之后，要在班上强调：这只是一个临时组织，班干部只要是工作不合格，随时可以撤换。有了这句话之后，当着班干部的孩子工作会更加小心，也会更加认真。其他孩子也会觉得自己还有机会，所以会好好表现。

第三步，观察。班主任在平时就要睁大眼睛仔细观察，把那些品行好、有正义感、执行力强、有领袖气质的孩子找出来。孩子不像成年人那般会掩饰，他们的喜怒哀乐一般都表现在脸上。所以，只要班主任细心，一定能发现每个孩子的独特之处，可以通过课间观察、闲时谈话、周记等形式了解学生各方面的情况。

第四步，储备。班主任通过一段时间的观察后，心中基本有底了，但还不可立即任用，因为有些孩子虽然有做班干部的才能，但在班上并没有威信，贸然让他们当班干部，会让其他学生觉得老师有失公正。所以，班主任要把物色好的班干部对象储存在"人才资源库"里备用。

第五步，造势。人才储备在"人才资源库"里后，班主任要适时对他们进行表扬、推销，提高他们在其他学生心中的威信。同时，还得让他们自己寻找机会表现自己，证明自己的实力，使他们成为学生心目中的榜样。

第六步，选拔。这一步是班干部团队能否重新换血的关键。因为之前成立了"临时政府"，有些孩子可能已经形成了思维定式，所以在选举时，很有可能把票投给并不适合做班干部的孩子。这时，班主任的导向作用就非常重要了。选举之前，班主任要在班里制造舆论，有意识地引领大家选举。同时，班主任也要私下给合适的孩子打气，鼓励他们出来竞选，教他们怎么写竞选演讲稿。切记：要让孩子们自己选，班主任千万不要插手。因为孩子们自己选出来的班长或者其他班干部，他们才会信服。

第七步，培训。为了提升管理效率，班主任一定要加强对班干部的培训。培训的第一步是给班干部分工，让他们明确自己具体做什么。第二步是召开班委会，告诉他们对班级不良现象要怎么处理。第三步是分头培训，有些孩子的领导能力比较强，培训一两次他们就能独当一面；而有些孩子的能力相对较弱，所以，班主任要加大对他们的培训。第四步是一对一的培训。

第八步，优化。班干部工作运行一段时间之后，优劣自现。虽说我们要热爱每一位学生，但班主任对班级的管理却不可感性化。当班干部队伍中出现了不能胜任的学生时，班主任要把感情丢在一边，理性地进行割舍。通过几次优化，班干部队伍才会越来越强大，班级管理才会越来越显露效果。提醒读者诸君：既然要优化不能胜任的学生，那么在优化之前就应该给人家找好"后路"。否则，有些"输不起"的学生就会受到打击。虽然有些孩子有很强的抗挫能力，越挫越勇，但在不完全了解孩子的性格之前，还是谨慎行事比较稳妥。

第九步，定型。精锐的班干部队伍建成了，就可以稳定下来（也就是成员组合模式不变）。定型之后，跟着就是定性，也就是你要把班干部队伍打造成一支什么性质的队伍，是管理型的，还是服务型的；是民主型的，还是专制型的。一般来讲，什么思维模式的班主任打造的就是什么性质的班干部队伍，而班级的风貌如何，就由班干部队伍的性质来决定了。由此说明，班主任的专业成长以及形成正确的教育理念是多么重要。或许有人会说，给班干部定型了，那么其他孩子是不是就永远没有机会了呢？怎么会没有呢？班里需要的官员多的是，作为班主任，要给进步的孩子、可使用的孩子、可改造的孩子一个官职，那还不容易吗？班主任虽说官小，但要给孩子们封官，那可是立竿见影的事啊！

第十步，放手。班主任对班干部要信任，要舍得放手。只有放手了，班干部才能真正成长并且强大起来。

特别说明：有些老师并非是从建班之初带班的，而是中途接班，那该怎么打造一支精锐之师呢？只有根据自己班级的情况多步并用了。还有，小学生年龄小，这套办法未必适合，因此，要根据自己班级的学生情况来确定合适的办法。不过，这个办法在小学高段以及中学是完全可以推广的。

二、班委的岗位设置

班委是一个班级的管理团队，班委的工作能力直接决定了班主任是否能从烦琐的事务性工作中解放出来。因此，根据班级情况设置管理岗位非常重要。一般来说班委岗位可以设置为：班长、学习委员、体育委员、纪律委员、安全委员、劳动委员、生活委员、书记员、文娱委员、宣传委员、团支部书记（小学可不设）、班级大法官、掌印大使、环保局长（这是应了学生需要而特意设置的岗位）。

特别说明：每个班级的学生人数不一样，学情不一样，因此，在班委岗位的设定上没有绝对统一的标准，要根据自己班级的情况来增加或者删减岗位。比如，我班就不设副班长。我以为副班长职务是一个摆设，做副班长的孩子容易产生心理不平衡，可能会对班长的工作造成阻碍。一旦设了副班长职务，班长便容易把工作撂在一边，因为有依靠，工作积极性反而会降低。再说，一山难容二虎，好多副职都不容易配合正职把工作做好。我的班委团队中会设书记员和掌印大使。这两个职位是做什么的呢？书记员要负责班级的书写工作，一般是选那种写字非常漂亮，做事非常细致、认真的孩子。这个职位的设置，会为班主任减少许多烦琐的工作。而掌印大使是干什么的呢？不知道别的班级是否有自己的班章，我带班时一定要为班级雕刻一枚印章，由掌印大使专管。每次班级商讨了重大事件或者形成了纪律制度，打印出来后，就由掌印大使审阅，然后编码、盖章，成为班里的文件。掌印大使除了承担这个任务外，还得熟记班级各项制度，一旦某人违规，由班级大法官审理之后，掌印大使就要为班级大法官提供班级规章支持，为"违纪嫌疑人"提供班级规章援助。环保局长岗位事先并未设置，而是一个孩子主动请缨，根据本班情况而设置的一个特殊岗位，目的就是加强班级的外部环境和人文环境的建设。

三、各岗位的职责划分

各岗位的职责大体相似，但还是要根据各学校的管理模式以及学校的环境等情况来确定。我根据自己班级的情况，为班委量身打造了一系列的职责。

-------------------------------- **班委岗位职责单** --------------------------------

1. 班长

（1）明确自己的身份是班级日常工作的组织者、管理者和协调者，是班主任的参谋和助手。

（2）把班委成员团结在自己的周围，然后按照班级计划逐一落实。

（3）每周找一名同学谈心，了解他的生活、学习情况以及想法。

（4）熟悉班规，逐条落实。

（5）做好信息反馈工作，及时把学生的信息反馈给班主任。

（6）能够自己处理的小事不必上交班主任。

（7）努力学习，加强体育锻炼，提高自己的综合能力。

（8）班主任不在的时候，教室就是班长活动的空间，发现学生做出不良行为，敢于制止。

2. 学习委员

（1）负责班级学习方面的管理工作，督促和检查科代表收发作业情况，做好记录，及时与科任老师联系、反馈。

（2）每两周召开一次科代表会议，了解同学的作业完成情况，并做好记录，及时与科任老师及班主任联系，以便及时解决问题。

（3）做好科任老师与同学之间的沟通工作。

（4）注意发现同学中存在的确实有效的学习方法并组织推广。

（5）组织有关学习活动，如朗诵会、辩论会。

（6）在期中、期末考试后，协助老师对班级成绩进行分析。

（7）督促大家做好课堂"三有"（有书、有笔、有本子）工作，养成良好的习惯。

（8）努力学习，经常找学习有困难的同学谈心，协助老师找到该同学的学习难处及其原因。

3. 文娱委员

（1）发现并培养班级文艺骨干。

（2）负责班会的策划与组织工作。

（3）组织同学创作班歌，关注当下健康的流行歌曲。

（4）组织同学设计班章。

（5）组织同学创作班标。

（6）建设班级文娱队。

4. 劳动委员

（1）负责做好每次教室和包干区域的卫生大扫除工作，对每次扫除结束卫生检查情况，做好记录并在班会课上进行通报。

（2）安排和督促当天值日生做好保洁工作。

（3）负责观察并记录劳动出色的与不认真的同学并及时反馈给班主任，对破坏教室卫生的行为应及时批评指正。

（4）负责提醒两名保管员保管好劳动工具和教室财产。

5. 体育委员

（1）组织同学按时参加集会、升旗仪式，并负责清点人数、考勤。

（2）负责就餐、就寝时的队伍集合，保证队伍的整齐和规范。

（3）带领同学上好体育课，提高班级体育水平。

（4）开展小型体育活动，组织班级篮球队以及其他活动队伍。

（5）负责校运动会的组织工作。

（6）负责保管班级的体育活动用品。

（7）负责提醒、制止同学的不恰当体育活动。如在教室玩篮球。

6. 宣传委员

（1）负责每月做好黑板报、墙报和其他专栏工作。

（2）组织同学布置、美化教室。

（3）每周写一篇稿，反映班级的新风气、新面貌或者存在的不良现象。

7. 生活委员

（1）负责检查个人卫生和每天下午第二节的眼保健操。

（2）负责维护一日三餐的用餐纪律。

（3）协助生活老师搞好就寝管理工作。

（4）了解班级同学的身体状况并及时向班主任反馈。

（5）协助班长关心病号，并将病号的情况及时向生活老师反映以便安排病号餐。

8. 纪律委员

（1）负责班务日志的填写工作。

（2）熟悉班规，并督促同学落实。

（3）负责班级课堂纪律的维护，发现违反课堂纪律者，能够独立处理则独立处理，如若不能，则交由班长处理，最后才反馈到班主任处。

（4）个别同学实在有事而班主任又不在的情况下可到班主任助理（非班干部）处请假，然后把名字递交到纪律委员处登记，最后反馈给班长。

9. 安全委员

（1）负责每周的教室安全隐患排查。

（2）关注课间，发现同学有危险动作要加以劝阻。

（3）发现同学带有管制刀具或其他危险工具要及时收缴。

10. 书记员

（1）负责书写当天的课程表。

（2）负责班级里所有的复印工作。

（3）负责各类工作计划和总结的收集工作。

（4）承担每节课的考勤工作，并及时将情况写在小黑板上。

（5）负责记录老师在教室里即席演讲的内容。

11. 团支部书记

（1）负责发现并组织班级积极分子向团组织靠拢。

（2）做专题讲座，给同学们讲解有关中国共产主义青年团的常识。

（3）发展团员。

（4）督促团员做"自律、自省"的先锋。

以下为我们特别设立的两个岗位。

12. 班级大法官（由班长兼任）

（1）熟记班规，牢记每条惩戒条例。

（2）收集违规记录，做好分析调查以及审理预案。

（3）利用班会课或者自由活动课审理班级违规事件。

13. 掌印大使

（1）保管班级印章。

（2）审阅班级制度及加盖印章。

（3）熟记每条班规以及惩戒条例。

（4）为班级大法官的审理提供文件依据。

有了明确的责任分工后，孩子们就能找到自己的位置。为了巩固他们的责任意识，我把他们每个人应该承担的责任都打印出来，使他们各人手执一份，教室里再张贴一份。只要他们先把位置找到，能够就职，我站在背后细细指点，假以时日，就能打造一支精锐之师。

特别说明：在我的班干部团队岗位设置中，班长兼任班级大法官，就好比学校里校长兼任党支部书记一样，这样做的目的是使班长的管理权更集中，做起事来更能放开手脚。为了不使班长的权力膨胀，我特意设置了监督员岗位。另外，班主任助理，不属于班干部团队中的一员，只是我的助理，我不在时，孩子们请假或是信息传达，均由班主任助理来处理。我还有个温馨提示：每个老师都有自己的带班风格，只能借鉴理念，绝不可照搬做法。尤其是班干部的责任划分，只能根据自己班级的情况来决定。我这个做法也是根据我的班级来定的，起一个抛砖引玉的作用。

四、选拔干部的基本条件

班干部是不是让人人都当呢？我的回答是：否！俗话说"星多月不明，官多不太平"，人人都当班干部，就相当于没有班干部，而且容易互相推诿责任。我的宗旨是：人人有事做，人人有位置，但班委只要一个团队就行了。那么要加入班委，必备条件是什么呢？我的看法是：成绩不作为重要的参考指标，但品德和能力必须考虑。既然要考虑品德和能力，那么，哪一类品德和能力符合要求呢？

品德方面。没有偷、抢、敲诈、贪嘴、懒惰、占小便宜、离间人际关系、传播是非、打架斗殴、骂人惹事等行为。当然，习惯差一点儿问题不是很大，比如，书本收拾得不太干净，床铺整理得比较粗糙，与同学玩耍时没有掌握好动作幅度等，这些都可以在实践中慢慢修正。总之一句话，作为班干部，一定要厚道、诚恳，那种心机太重、心术不正的孩子一定要小心任用。

能力方面。在同学中有威信，具有一定的组织领导能力；做事主动，能很好地领会到老师的意图并且在工作中能体现出自己的创新能力；头脑灵活，看得清形势，对未发生的事情具有一定的前瞻性，并主动做好预防工作。比如，生活委员要懂得关心他人，提前关注预知天气变化，提前通知同学添加衣服。安全委员若看见门窗或者走廊有问题，能及时报告；若看见有同学带刀具到教室，能够及时处理并且敢于收缴。当然，这些能力并不都是孩子先天生成的，很多是需要老师培养的，我们只要发现这个孩子可以培养，就一定要尽全力去培养他。

反过来说，但凡品德差些、没有管理能力或者无意于当班干部的，一律不要吸纳进班委团队。品德差些的学生，一律不予重用（这个原则班主任自己掌握就是，最好不公开言说）。一个班级，如果被非正义的力量把持，班风马上就会趋于浮躁、颓败、迷乱。因此，班主任在用人时一定要秉承：大用看人品，小用看绩效。

确定了用人的必备条件后，就要选备班干部了，那么，班主任要做哪些考虑呢？

品学兼优且能力强的学生。这是全才，可重用。

成绩差但能力强的学生。先培养其威信，然后也可重用。

能力一般，但很积极、要求上进的学生。属于选用之列，可以培养。

成绩一般，但沟通能力强的学生也可用。

威信高，且组织能力强的学生。这也是人才，可重用。

班主任要细致观察自己的学生究竟有哪些能力，能否培养，千万不要相信"人人都可做干部"。人和人不一样，一定要承认差异性，有些孩子就是当不了干部，而有些孩子天生就有极强的组织能力和领袖气质。就像宋徽宗，当个画家真不错，可是当个皇帝却把国家给卖了。南唐后主李煜当个词人练成了词宗，可是当个皇帝呢？成了亡国之君。有些孩子就是喜欢安静地学习，自由地生活，对当班干部确实不感兴趣，我以为就没有必要强迫他们去当。所以，选备班干部的先决条件是品德好、有正义感，其次要考虑他的能力问题以及心态和人际沟通能力。光有热情也是不够的，很多时候，热情除了增加一点儿气氛外，不能改变任何现状。还有一点就是要考虑孩子是否具有创新性。怎么这样说呢？如果让个性保守的孩子来做干部，那他一定是一个等待班主任发指令的人，万一班主任忽略了下指令，他就不知道该如何做了，反而增加了班主任的负担。因此，班主任要物色那些自主性很强、有自己的观点和做法的孩子来培养，因为他们既能拿出班主任想要的结果，又能创造性地进行管理；既懂得圆融之道，又进退有方。

五、各岗位的素质要求

岗位不同，干部职能就不同，当然，对干部的素质要求也不一样。那么，每个岗位都有哪些特殊的素质要求呢？对此，我有以下认识。

班长——最好是"成绩好、能力强、品德佳"的学生。这样的人才一走上领导岗位，就能主导班级风气的走向，班级就会发生大的变化。但这样的孩子凤毛麟角，因此，即便成绩不好，只要能力强、品德佳，就可重用。作为班长，一般情况下要有这些素质：在班级里有威信，有正义感，主动性很强，看得清形势，有较强的沟通能力，不一定能说会道，但要有一句话说出来就可以震撼人的那种气势。

学习委员——这是一个很特殊的岗位。因此，学习委员的成绩要在班上数一数二才行。如果成绩太差，就难以在学习上帮助大家提高。所以，班主任在物色或者说确定学习委员的时候，要先考虑他的学习成绩，然后考虑他的学习能力以及指导能力。由于学习委员要与科任老师联系并帮助科任老师分析卷面和写试卷分析，因此，还要考虑学习委员的沟通能力以及写作能力。总之，学习委员必须是班级学习的一个抓手才行，如果班上有一位出色的学习委员，那么整个班级的学习成绩就会得到提高，相反，就会下降。

文娱委员——这是一个台面工作。选用的文娱委员最好是能歌善舞那种类型。由于文娱委员要负责班级的文娱节目以及班歌的创作，所以文娱委员又不仅仅限于外貌与活跃能力，还要有一定的文艺素质，比如编排舞蹈啊，指导文艺组排练节目啊，教大家唱新歌曲啊，最好还能写歌填词。当然要求不要那么高，只要能根据别人的曲子填出歌词就可以了。

劳动委员——这是一个老黄牛似的奉献型工作。物色这个干部时一定要寻找那种既能吃苦耐劳，又有威慑力的孩子。因为清洁卫生工作这一块儿往往是班级丢分最多的一块儿。如果劳动委员奸猾，其他的孩子就会更耍奸。所以劳动委员要最能吃苦和吃亏。但如果太过老实，不懂得考勤、督促以及惩罚，就会被某些奸猾的孩子吃了。所以，劳动委员最好物色那种腿勤、手勤、身体壮、口齿伶俐、眼尖并且能严格执行纪律制度的孩子。有了这种"你办事，我放心"的孩子，劳动这一块，班主任就可以当甩手掌柜了。

体育委员——这是一个体力型工作。孩子在成长期，除了会比知识，比见识，还会比体力。因此，体育委员不宜选个矮体弱的孩子，而要选那种个高体壮，在球场上可以冲锋陷阵的孩子（男女不限）。当然还得是品德良好的孩子，不然他凭着他的猛劲儿到处惹事就麻烦了。

生活委员——这是一个细致而烦琐的活儿。作为班主任，只有一双眼睛，你不可能时时刻刻都盯着所有学生。因此，生活委员要物色一个安静且心思比较细腻的孩子。这种孩子容易观察到同学在生活中出现的种种问题，比如生病、出现人际交往障碍、有安全隐患等。

纪律委员——这是一个得罪人的活儿，班主任不妨把这个活儿交给那些喜欢"大路不平有人铲"的具有正义感、侠义心肠又不记仇的孩子，因为他敢说敢管。如果是胆小、谨慎的孩子，你把这活儿交给他，他往往会尸位素餐。要管理好一个班级，总得有人去得罪人才行吧。

宣传委员——最好是交给才女或才子来做。宣传这块儿往往跟班级文化有关。如果文笔不好，书画不精，你指望他做什么呢？因此，班主任要物色一位与自己很贴心的才女或才子，只要告诉他主题，一切由他发挥，保管他把活儿给你做得无话可说。

安全委员——最好是交给善于观察，有爱心和责任感，肯吃亏，并且愿意为班级付出时间和精力的孩子。

团支部书记——这类似政治工作，调皮的孩子是不喜欢做这类工作的。因此要物色做事严谨、正统但又不呆板的孩子来做。

以下三个职位是我根据班情特别设置的。

班级大法官——要担任此责，必须具备正义感，而且逻辑思维要强，记忆力要好，胆子还得够大，言辞还要顺畅，最好还要有威严、气质。

掌印大使——物色一个细心、本分的女孩就可以了。

书记员——必须是写得一手好字，且原则性和坚持性都比较强，心思也很细腻的孩子。能及时把班里的好事、坏事用文字传递出来，便于班主任及时掌握班级情况。

特别说明：不是每个孩子都具备我们要求的素质，有些素质是可以培养的。因此，只要基本符合就可以了，然后再慢慢加以培养，一定会培养出一支成熟的班委团队。

六、班干部培训方式

对班干部的培训可以分为以下六种方式。

（一）集体培训

每周日晚修前30分钟为班干部集中培训时间，培训三四次后停歇一段时间，然后根据班级运作情况再进行适当的培训。下面是我的几次集体培训提纲。

⊙ 第一次集体培训

理论渗透：我很重要！做老师和同学的重要他人！

身份定位：班长是董事长，其他班委是各部门经理，都是未来的高管人才。

树立意识：服务别人，提高自己。

⊙ 第二次集体培训

明确责任：站好自己的岗，做好自己的事。

管理自己：目的是管理别人。其身不正，其令不行！

确定口号：我很重要，我很优秀，我要努力。（每天由班长确定时间，标准是当大家懈怠时，可利用上课前几分钟高呼口号三次）。班长还可发动其他同学进行新的口号创作。

⊙ 第三次集体培训

每天"三问"：我说了吗（告知大家各项纪律制度）？我做了吗？我做到了吗？

工作创新：不要"管"字当头，而要努力思考，用成本最低、大家最能接受的管理方法去管理。因此，方法要不断创新，让大家既有新奇感，又能欣然接受，这样的管理模式才会有效。

讲究情理：不论哪位同学违纪了，我们都要就事论事，用纪律制度去约束他。而在约束他的时候，要把他当作我们最亲的同学，而不是我们憎恨的敌人。人都是有感情的，心里也是明亮的，好与不好，他们的心里都分得清楚。严格而不苛刻，批评而不辱骂，惩罚而不体罚，恼怒而不憎恨，只要态度公平，管理公正，一切都按制度办事，又在情理之中，违纪的学生又能说什么呢？

⊙ 第四次集体培训

身份定位：再次强调班长是董事长，其他班委则是部门经理。

制定部门管理规则。

我能做什么？

我该怎么做？

⊙ 第五次集体培训

我怎样才能做好？

我有工作的主动性吗？

我有工作的技巧吗？

我有工作的创新性吗？

特别说明：应根据本部门所开展工作的特点，制定适合自己所负责部门的管理规则。以纪律委员负责的管理内容为例。纪律可分为课堂纪律、课间纪律、就寝纪律、集会纪律。纪律委员不可能管理得面面俱到，所以要缩小管理范围，重点放在课堂纪律上，而课间纪律则责成安全委员来负责，就寝纪律则责成生活委员、寝室长来负责，集会纪律则责成体育委员来负责。纪律委员要针对本班的课堂纪律情况制定课堂管理章程。制定章程的时候可以参照学校张贴的课堂常规管理规定和科任教师的要求，以及本班同学的自制力等情况。下面是我班的纪律委员根据"意搏班"（我们班名）的具体情况制定出来的课堂管理章程。

"意搏班"课堂管理章程

一、课堂管理规则

1. 上课认真听老师讲课，不说与本课堂无关的话。

2. 上课时不看与课本无关的书籍，不妨碍他人学习。

3. 上课管住自己的手和脚，不做小动作。

4. 上课时间不可以睡觉（若生病,到医务室接受治疗或者回家休养）。

5. 自习课做事安静，学习专心，不做学科以外的工作。

注明：违反规则是犯错，除了提醒，还要适当地惩罚。

二、课堂管理常规

1. 听见上课的铃声，立即进教室。

2. 在教室内不奔跑，不发出无谓的声音。

3. 要发言，先举手。

4. 上课的用品要带齐（做好课堂"三有"：有书、有笔、有本子），作业要按时上交。

5. 桌面和课本要保持整洁，不得涂抹、损坏。

6. 纸屑、铅笔屑等废品要放在自己的垃圾袋里。

7. 因事要离开教室时，要先起立报告，得到教师的许可方可离开。

8. 离开座位，要把椅子或者板凳挪到课桌下，不得拖、拉，以致发出声音。

注明：违反常规不是犯错，除了提醒，还要参加培训。

特别说明：我特意向纪律委员提供了一本叫作"课堂管理的策略"的书，让他仔细阅读琢磨，根据"意搏班"具体情况来制定课堂管理章程。经过了多次修改，才最后敲定。课堂管理章程一旦敲定，纪律委员就只需要熟记，然后逐条落实就可以了。如果是新生班级，效果更好。我是中途接班，此前班级散乱，孩子们也没有规则意识，花了很长时间才把这些规则落实下去。其余班委可以根据自己的职责划分以及"意搏班"违纪惩罚条例来制定自己的管理规则，制定好之后交由我过目，然后大家商量、修改，最后执行。

（二）一对一培训

如果某个班干部的工作态度不到位，工作能力未得到提升，又不便当众言说，为了慎重起见，班主任可以对该班干部进行单独培训。因为是一对一，属于交心的交流，所以培训效果非常好。下面是对任职前和任职中的班长的一对一培训。

1. 对班长进行一对一的职前培训

①身份定位——董事长。

②建立威信——做好每一个细节。

③做事主动——不要等着老师指派任务。

④方法创新——说别人没说过的话，做别人没做过的事。

⑤公平公正——让每个同学都信服。

⑥提高自己的成绩——成绩才是硬道理。

⑦制定管理标准——没有标准的管理对被管理者是不公平的（在遵循班级管理条例的基础上，可以就大家忽略，却又必须遵循的方面去制定，不可太多，几条就可以，由自己掌握）。

⑧读书——读李镇西老师的《心灵写诗——李镇西班主任日记》。

2.对初任职务的班长进行一对一的培训

这是一封匿名信，不知是谁悄悄地藏在我的语文书里。显然，班长遭遇投诉了。从投诉信的内容来看，班长有以下不足：不公正、干涉下属工作、缺乏领导艺术。

-------------------------------- 一封匿名信 --------------------------------

老师：

我想给您提几个建议。

首先，我觉得您应该提醒班长，他似乎不太公正。比如，历史课上小忠在雷老师没喊下课时就站了起来。班长问小忠的时候，小忠说他在系裤子。当然，我也不知道他到底在干什么。可班长的做法似乎不正确，没有问旁边的人小忠到底在干什么，而是直接就让他坐下。

其次，上课管纪律时，班长经常是把别人晾在一旁。比如，纪律委员管纪律的时候会站起来朝同学说"安静"，他却让纪律委员坐下，还会用一种很怪异的眼神看纪律委员。怎么说呢？反正我对他的眼神很反感，好像谁欠了他钱没还似的。

再次，一天晚上，我们发现一名同学上课了还在玩手机。班长过去收手机，却没找到。我说："班长，你一定要公正处理。"他说他会按班规处理，我不知道他告诉您没有，我也不知道他按班规处理没有。如果他告诉您了，您应该知道是哪位同学玩手机了吧；如果他没告诉您的话，我想您应该找他谈谈了。

以上是我给您的建议，仅此三条，希望您不要认为我是无理取闹，没事找事。

说班长缺乏领导艺术，这是不争的事实。毕竟他才上任一个多月，我教他的理论还没完全吃透，《心灵写诗——李镇西班主任日记》还没读完。再说，他还是一个孩子，怎么可能像久经官场的人一样圆滑世故呢？领导艺术需要时间打磨，无须着急。

对匿名信做了一番分析后，我找来了班长。我对他大胆参与管理的行为做了肯定，班级面貌焕然一新他功不可没！然后对他的辛苦，表示感谢。

最后，我向他面授机宜，告诉他要做到以下几点。

第一，要听得进杂音。只要你愿意做事，不论你怎么尽心，都不可能做到令所有人满意。因此，做事之前要有充分的心理准备。只要满足大多数人的利益，只要按照规矩行事，只要秉公执法，只要心中无私，无论别人怎么说，都能坦然接受。自己错了，改正；被同学误解了，解释。一个班级，如果没有杂音，绝不是一个好班级。敢于发出杂音的人，一定是热爱班级的人。对于热爱班级的人，我们又有什么理由去责怪他呢？

第二，要做到三个"善于"——善于观察，善于反思，善于工作。善于观察的班干部，才能看清事情的真相，才会做出准确的判断，才会减少工作中的失误。独断专行、刚愎自用的人，绝不是一个善于反思的人，作为班干部，要善于听取同学的意见，然后进行反思，追问自己哪里做错了、哪里做对了、今后该如何做。一个善于反思的人，成功就在他的前面。喜欢做事，固然是好事，但如果做事不讲方法，往往事倍功半，还费力不讨好！

第三，要有一颗公平心。人都是讲感情的，再说，每个人都有几个意气相投的朋友，因此，做事的时候难免被人情牵扯。不讲感情，人家会觉得你寡情；太讲感情，人家会觉得你徇私。因此，要公私分明，一视同仁，就算有些同学开始不理解，但日久见人心，时间长了，他们就会心服口服的。

第四，说话做事要讲策略。"不在其位，不谋其政"，该其他班委做的事情，绝不越俎代庖。如果他们做得不到位，能背后沟通的，绝不当众言说；如果他们做得好，既要当众表扬，也要背后夸赞。天时地利人和，作战取胜的关键因素是"人和"，因此，一定要把班委团结在自己的周围。有了人，才能做事！记住，最好的资源是人！

第五，要有亲和力。一个充满亲和力的人，他的人脉一定很广，支持他的人也就很多。那么，要怎样才能具备亲和力呢？那就是心里要有爱，要豁达，要乐观，要宽容。只有习得这些品质，才能有亲和力，然后由柔和的眼神和微笑表现出来。有些人的眼神非常冷漠，表情非常冷酷，他的眼神和表情就足以杀死你。这样的人，哪里有亲和力？他就像一颗煞星，人见人怕。

---

3. 对任职半年的班长进行一对一的培训

有同学反映，班长虽然工作很负责、很大胆，工作方法也很独特，但性格比较急躁，管理太过严苛，有时还语带威胁。比如，有同学在教室里喧嚷，班长制止，如果那个同学没有及时停止，班长就会很气恼地吼道："你听不听招呼？你要再不听，信不信我甩你两耳光！"虽然这有点儿效果，但同学们对班长腹诽颇多。长久下去，班长的威信就会降低，班级管理就会陷入困顿。班长急躁的性格和他说话的方式都反映出他的沟通能力太弱，不懂得如何破冰、如何聚拢人心。俗话说"得人心者得天下"，反之，"失人心者失天下"。如果班长不知改进，那么他就会失去所有同学的支持，成为孤家寡人。

我没有因此责备班长，只是问他看过《亮剑》没有。他说看过一些。我问他喜欢李云龙这个人不。他说很喜欢。

于是我将《亮剑》下载下来，请班长看了两段视频。看完之后，我们一起分析了两个场面。

第一个场面，李云龙是一个性子很急的团长，说话也很粗俗，让人听着就来气。你看他把王承柱气得脸青面黑，还逼得王承柱大声反驳。如果我们只看到这里，或许就觉得李云龙这个人一无可取。但你再看，当李云龙意识到自己的失误把王承柱气得不得了，两人的关系就要弄僵的时候，他赶紧嘿嘿一笑，缓和了气氛。这在沟通里就叫作"善于破冰"。接着，他抓住王承柱的个人喜好，说："等仗打完了，我赏你半斤地瓜烧。"柱子的脸顿时笑成了一朵花。你看，这就是有效沟通。所以，作为领导，一定要学会说话，要把话说到人家心窝里去。

第二个场面，请注意看：当有士兵跟团长报告张大彪营长被鬼子包围了时，身为团长的李云龙是如何做的？他从身边的士兵手上夺过机枪，说："弟兄们，咱们独立团从成立那天起，就没丢下过自己的弟兄。冲回去！"说完，一马当先向鬼子冲过去，冒着枪林弹雨把张营长救出来，还亲自背着他。当张营长要求团长把他放下来时，李云龙是怎么说的？他说："只要我李云龙在，就不会丢掉一个弟兄！"你现在应该明白了吧！李云龙脾气暴，说话粗，但是他重情重义，身先士卒，把所有的士兵都当成他的好兄弟。你说，大家都是生死兄弟了，他们怎么会不铁了心跟着他呢？作为班长，当班主任不在的时候，你就是大家的领头人、主心骨！当你站出来为大家说话的时候，大家也就会把你当成他们的带头大哥了！

特别说明：此次培训的效果相当好。班长的精神世界似乎骤然间敞亮、开阔了。

(三) 书面培训

一对一口头培训的对象一般是胆子比较大，在老师面前比较放得开的孩子。如果遇到胆子较小，在老师面前容易紧张的孩子，怎么办呢？那就进行书面培训吧。书面培训的好处是委婉、直达人心，可以令孩子反复咀嚼，更容易接受老师的观点和指导。下面是我对一个孩子进行书面培训的材料。

一、首先要有德。正所谓"以德服人"！如果你自己是一个漏洞百出、缺点满身的人，你在执行管理的时候就会落人话柄，被人指脊梁骨。别人小看你，不买你的账，你工作起来就举步维艰了。

二、工作要有方。班上事情很多，大多很琐碎，如果你事事必究，就会穷于应付。你在抓班级管理的时候，应该有主次的意识。先把主要的、重大的、消极的事件梳理出来，再把造成不良影响的主要人物找出来，依照班规，该怎么处理就怎么处理。只要没有不良的重大事件发生，班级就趋于稳定，然后再把关注目光投放到一些细节上。工作要投入热情，但更重要的是要有方法。

三、做事要有原则。每个人在班上都有几个要好的朋友，你也不例外。不过，朋友关系是私，班级管理是公。因此，你做每件事的时候都要考虑到这是属于大家的事，不能徇私。不论是谁违反了班级纪律，都要按照规矩做出正确的处理，不能有任何偏私。

四、表达要恰当。人嘛，都是感情动物，大多数也是明理的动物。所以你在进行班级管理的时候，要把同学放在心里，尊重他们，理解他们，说话的时候尽量考虑到别人的感受。有句话是这样说的："当你把泥巴甩向别人的时候，最先弄脏的是你的手。"我知道，你的性格比较冲动，说话也欠考虑，所以有时本来一片好心，说出来的话却有些伤人。受伤的同学即使没理，为了维护自己的自尊，也要与你计较。

五、做事要多思考。有人说：做思想的精英比做道德的精英更加重要！一个人，如果缺乏思考，那么他做事只是拼力气。然而，力气是有限的。凡事要学会思考、分析、求证，只有形成这样的工作思路，你才会觉得工作充满了乐趣，才有机会体验成功感。

在这里，我不妨举一个例子。比如，你说班上有"小人"，那么我就想问你：你去调查了吗？你求证了吗？你评价"小人"的标准是什么呢？成年"小人"与未成年"小人"有没有区别呢？他们为什么要当"小人"呢？这跟他的成长背景有关，还是跟我们的班风有关呢？你没做调查，没进行科学的论证，就不该说这样的话。因为这样的议论带有杀伤力，会伤众人的。伤了众人，你的群众基础就薄弱了，到时你成了一个孤家寡人，你还怎么实施管理？

还有，你说班上的同学不好管理。说重了，他们会说你不公平；没管理，他们又说你是一个"不管事的猫"。这很正常啊！这说明我们班上的同学参与班级管理的意识很强，这是值得高兴的事。如果他们不关心这个班集体，说这些"废话"干什么？你把这些言语当作正义的监督，当作友善的提醒，当作他们对班集体的无比热爱，你还会怨他们吗？你不应该为这样的班级氛围感到苦恼，而应该感到高兴。当大家什么都不说的时候，那不是好事。既然同学说你不公平，你就要思考了：该怎样做到公平？他们需要什么样的公平？既然他们说你是"不管事的猫"，那么你就要思考了：你要怎么做才算管事？他们需要什么样的"猫"？

一个人的思维方式是否积极，决定了他们做事的成败。对于每句话、每件事，你只要认真地思考，反复地分析，客观地论证，我想，你就真正进步了。

（四）现场培训

有时，班干部直接找老师解决麻烦，显然是遇到管理上的问题了，这个时候，班主任也可以利用现场的情景对班干部进行现场培训。下面是我对纪律委员的现场培训。之所以要展开这场培训，是有原因的，我先说说原因。

一天早晨进办公室，刚坐定，我便听到教室里有嗡嗡的声音（我的办公室在教室的隔壁）。本想进去瞧瞧，想着既然要把班级交给孩子，不放手怎么行呢？与其抱着孩子不放手，不如放他下地走一走，等他跌倒了扶起来不就得了吗？于是我坐在办公室看书、候课（早晨8点30分上课，孩子们8点15分进教室，其间15分钟时间是用来检查作业或者过关等的），看了不到两页，就听到教室里有拍桌子的声音，然后就有人狼嚎一般喊道："安静！安静！"听声音，是纪律委员小辉在喊。

教室里好像安静下来了，过了一会儿，又出现了很小的嗡嗡声。然后我又听到虎啸一般的声音："叫你们安静！安静！听到没有？"

我在隔壁办公室听得暗笑起来，这傻孩子，管理纪律竟然达到了"狼嚎虎啸"的境界了。天哪！这样下去，他还吃得消吗？

小辉是负责维持教室学习纪律的，很尽责，管理非常积极，效果也是有目共睹的——每个科任老师都反映，这学期在"意搏班"上课非常轻松、舒服。不过，我始终觉得他做得非常累。

我悄悄走进教室，其实教室里还是有细细的嗡嗡声。侧耳一听，听不出是谁在讲话；仔细打量，就会发现有些同桌彼此在用笔指指点点，好像在商量题似的。

我一直都在"意搏班"进行"静文化"的熏陶，希望能涵养孩子们"静心、静听、静思"的好品质。所以，纪律委员在"静"这一块儿下的功夫比较多。可是，不管怎么控制，总是不能完全静下来。原因是什么，纪律委员肯定没有思考过。

其实，静是相对的，身体静下来了，心没沉下来，也不能说是静。我要的是孩子们运动时如猛虎下山，学习时如蛟龙出水，思考时如处子赏花，所以，重点在于心静。

鉴于上述情况，我决定对纪律委员小辉来一次现场培训。

先管点，后管面

管理是要讲策略的。比如，你要求大家安静，部分同学肯定安静了，少数同学还没有安静，你这个时候拍桌子，"狼嚎虎啸"的，不但不能让大家静下来，相反，有些同学还会不满，或者故意闹哄哄的来对抗。那么，这个时候该怎么做呢？往讲台上一站，目光如炬，仔细观察、打量，瞄准目标，抓一两个典型，这样，下面的骚乱立即就止住了。不过，典型一定要抓准，否则会造成矛盾升级。这就叫作管"点"，等"点"稳住了，"面"就好办了。其实，这也就是所谓的"擒贼先擒王"。

至于"面"该如何管，我以为大面积的整治是与群众为敌，这个路线走不得。宁可得罪一两个"刺头"，也不可得罪一大片群众。我们要学会走群众路线，该怎么走？你每个大组安排两个助手，前后各一个，请他们仔细倾听，然后辨别一下哪些是属于讨论作业、哪些是闲话家常。对前者，我们没理由干涉；对后者，我们是要制止的。把情况摸清楚了，再把害群之马清理出来。这样的管理才会有效并且轻松，还不会大面积地得罪人，既做到了自保，也保住了群众的利益，这就叫"双赢"啊！我不想班干部在做了管理者之后成了孤家寡人。

"意搏班"的体育委员是一个身体单薄、性格腼腆的男孩，但他执意要做体育委员。我看他态度坚决，就同意了（在我的用人观里，我更喜欢任用那种体格高大、身板结实的孩子。这样的孩子气势足，有威慑力，管理效果更明显）。不过，他确实太秀气了，每次做课间操，那些做事拖沓的孩子或者调皮的孩子都不买他的账。体育课上，他整队的声音也很小。想不让他当吧，他又很想当，我不想伤害他，还是培养任用吧。怎么培养？课间操的时候，我就直接在现场对他进行培训，在手势、步态、口令、声音的大小等方面，我都对他做了要求，并且请体育老师做了示范。有一次，体育老师说："还不太合格，你回去把你爷爷弄来训练。"体育老师本来是说着玩的，结果这个孩子硬是回去把他爷爷弄来训练。爷爷一听他喊口令便说："你吃了的饭都跑哪里去了？有气无力的。"说完，还给了他几个爆栗子，然后又对他进行培训。特别说明一下，这个孩子的爷爷是个退休教师。经过培训，那个文弱的体育委员成了一个合格的班干部，自信心大增，2010年上学期期末考试，他的物理考了级段第一，总分也进入级段前十名。

（五）示范性培训

对于那种操作性比较强的活儿，班主任要做出示范，比如，书记员做什么活儿，怎么做，班主任要先给他示范，或者说手把手地教他怎么做。一旦教会了，班主任就可以彻底放手了。

（六）借用他人的力量培训

我让班长阅读李镇西的《心灵写诗——李镇西班主任日记》，是因为这本书里出现了两个班长，一个是武山，当得不成功；一个是付锐，当得比较成功。班长看完这本书后，对该如何当班长已经心领神会了。有好多次在晚修前我到教室去遛遛，刚走到教室门口，就听见班长在做学生的思想工作，或者是安排一周工作事宜。周日晚修前的半个小时，是班干部的例会时间，基本上都是由班长组织召开。

我还把一些故事性比较强的教育著作拿到班级图书馆，让孩子们通过文字观照自己的言行，从而改进自己。当然，我也会把我写的书送给他们读。暑假里当孩子们都在愉快度假时，我们的班长就开始考虑"意搏班"下学期的工作了。为此，他还特意给我写了一封建议书（不仅指出问题所在，而且给出了解决方案）。

------------------------------ **班长对"意搏班"工作的建议** ------------------------------

一、班委存在的问题及解决方案

1. 周末开会不积极，迟到现象严重。

解决方案：定一个具体的时间，每个班委若无特殊情况必须按时到校开会，如迟到三次，则罢免其职责，由班长执行。班长也要遵守时间。

2. 班干部对自己的任务不明确。

解决方案：请老师拿出授权责任书，让班干部再次明确自己的责任，不要整天无所事事。

3. 班干部没有起到带头作用，让同学们有了违纪的借口。

解决方案：开会强调希望班干部时刻记住自己的班干部身份，起好带头作用，并请老师讲明其中的利害关系，强化其责任意识。

4.班干部缺乏合作意识。

解决方案：需要让大家明白不会合作，干活就特别吃力的道理，尽管目前班干部缺乏合作，大家还是把自己的工作完成得很好。但如果大家团结合作，我相信我们班级一定会更加优秀。

5.班干部闹分裂。班干部也会犯错误，难免会被其他班干部批评。而有些班干部的脾气很怪，说话也有些过分，让人不能忍受，于是大家就吵起来。一个人就说他管理的时候要如何如何，反正不给另一个班干部好脸色，两人之间就形成了一道无形的墙，我们出面调解也没用，然后小事变大，最后不可化解。

解决方案：改变大家的"窝里反"意识，形成团结、合作的意识。尤其是现在的社会，特别强调团队意识。

二、同学们身上存在的问题及解决方案

1.以锻炼身体为由学习不积极。我们班的同学本来基础就不好，加上又爱运动，又贪玩，学习积极性不是特别高。

解决方案：我认为锻炼身体很重要，但要控制时间，不然，大家上课都还在流汗，不仅影响自己学习，科任老师见了也会影响上课心情。我在初一时就是这样做的，所以成绩一直上不来，后来我意识到了，就改正了，所以现在才会有较好的成绩。希望同学们在新学期能重新调整锻炼身体的时间。

2.课堂学习效率太低。我们的课堂学习效率太低的主要原因是什么？我相信您也知道，是嗡嗡声。放假时您经常对我说只要大家思想到了一个高度，都不想或者都努力克制自己不发出声音，我们就真正安静了。可这要等到什么时候啊！您告诉我要对我们同学和您有信心，但信心需要实力支撑啊！

解决方案：提高课堂效率，制止课堂嗡嗡声。这两个方面，我也没有好的办法，还望老师想办法，争取在新学期有所改变。

七、向班委干部授权

如果我们培养了班干部，又不下放权力给他，这样的班委就只是摆设，根本不能对班级管理起到有效的作用。无疑，这是资源的浪费。所以，一旦班委干部能够进入角色，并且能就职了，就要把班级管理权交到他们手上。为了郑重起见，我除了在班里口头授权外，还用书面形式向班干部授予了班级管理权。附《"意搏班"2010年上学期班干部责任授权书》。

"意搏班"2010年上学期班干部责任授权书

一、授权目的

为了增强班干部的自主管理意识，提高班干部的管理能力，激发班干部的管理智慧，班主任决定将班级管理的权力授予"意搏班"各位班干部。

二、预期成果

班主任将班级管理权授予班干部后，并非撒手不管，而是要担负关注、指导、培训、激励等责任，而班干部在接受权力委托后则要协助班主任将"意搏班"建设成一个积极健康、团结向上的班集体。具体落实在以下几个方面：学习上，超过一班、二班，拉近与三班的距离；课堂上，要学会聆听与思考，学会静心读书；课间，同学之间不打架，不谩骂，不造谣生事；生活上，不攀比浪费，师生平等相处。

三、指导方针

何时管理、怎么管理，从班干部自身的需要出发，扬长避短，多出点子，积极创新。不过，要想真正自由和创新地开展工作，就必须恪守公正、公平、公开的原则。

四、可用资源

科任老师、家长、班主任、同学，请他们充当智囊团，提供智力支持。

五、业绩标准

各位班干部必须对自己所承担的领域认真、负责、创新地进行管理，每两周提交一份业绩报告单。

业绩报告单

职务	管辖范围	违纪行为记录	立功行为记录	评估结果 （等级：优良、中、差）	现有管理办法	改进措施

六、明确奖惩

学期结束后进行评估，优秀者将获得"班级管理大师"的光荣称号。反之，考核不合格者，下岗培训，直到培训合格，方可继续任用。

班主任签字：

班干部签字：

年　月　日

八、班级事务岗位设置

设岗理由一是，人是有差异的，有些孩子愿意、能够并且会当班干部；有些孩子能当，但不喜欢当。不喜欢当的我也不勉强，用其他事情锻炼他们也是一样的。

设岗理由二是，无事容易生非，闲人容易惹事。如果班上太多的人没有正事可做，自然要惹是生非，所以，让每个孩子都有发挥的余地，班级不良问题才会减少。

设岗理由三是，既然不能人人当班干部，但又不想有人闲着，该怎么办？班里琐事多得很，光靠班干部根本完不成，因此，为了提高管理效能，我把班级事务按人头划分成小块儿，每人一块儿，不得推辞，这就把每个孩子都捆绑在班级里了，不论你干什么，反正你得干一样！孩子们有了事情可干，也很有成就感，正气很快就取代了邪气。

附《2010年下学期"意搏班"班级岗位设置表》。

2010年下学期"意搏班"班级岗位设置表

"意搏班"共57人，本着"人人有事做，人人有位置"的管理原则，根据本班具体情况，共设置了29个岗位（有4名同学身兼两职）。出任班委团队的岗位，必须经历"三重门"：先由班长物色后备人选，再由班主任审核通过，最后由全班同学选举产生。其余岗位则由未担任班干部的学生根据自身情况竞聘上岗。

班长1人——谢成龙

班级大法官1人——谢成龙

学习委员1人——彭俊

体育委员1人——邓永明

劳动委员2人——徐伟、杨凤

文娱委员2人——贺红秀、许秀君

宣传委员2人——宋怡馨、熊英

安全委员1人——贺斯忠

生活委员1人——杨文武

纪律委员1人——许辉

书记员1人——谢发琼

掌印大使1人——张艳

团支部书记1人——何春梅

环保局长1人——许海鳞

大组长4人——王志明、熊勇、周月、张春艳

（岗位设置理由：虽有值日生、科代表，但课堂上有时要做临时测验，或者是组与组之间做活动，搞竞赛等，因此需要一个组织联络人）

寝室钥匙官 4 人——李志强、王东、程红、肖丽

（岗位设置理由：钥匙没有专人保管，很容易出现不锁门、不开门的现象，进而造成财物丢失或者进不了宿舍的困局）

教室钥匙官 1 人——徐伟

（岗位设置理由：教室钥匙有专人专管，既可以省去老师的麻烦，也可以培养孩子的责任感）

教室财产保管员 1 人——许艳

（岗位设置理由：虽然教室财产不多，但给孩子一个事情做，他就会觉得充实，并觉得自己重要）

劳动工具保管员 1 人——许景兰

（岗位设置理由：设置这样一个岗位，既可以减轻劳动委员的压力，又可以培养孩子的责任感）

科代表 10 人——杨萍、谢刚、邱鑫、刘雷雷、廖堂艳、何美玲、杨龙、周玲玲、邓永良、李美玉

（岗位设置理由：培养孩子的责任感，锻炼孩子做事的能力，减轻科任老师的负担）

篮球队长 1 人——龚良兵

（岗位设置理由：让孩子的精力得到宣泄，他们的内心才能平静，同时，组建篮球队需要队长出大力）

课间巡视员 2 人——杨倩、熊强

（岗位设置理由：课间可以说是学生最放松的时候，老师一般都在办公室休息，因此，课间也是最容易发生一些突发事故的时段，安全委员根本忙不过来，因此要设专门的巡视员）

时间提醒员 1 人——唐欢

（岗位设置理由：孩子喜欢运动，所以容易忘记时间，造成迟到，为此特意安排一个时间观念很强的孩子来做温馨的提示）

语言清洁员 1 人——张健

（岗位设置理由：为了让孩子们更加文雅，不论在人前还是人后都不说脏话，设置语言清洁员就很重要了）

肠胃保管员 1 人——唐金玉

（岗位设置理由：孩子们喜欢吃零食，尤其是那些麻辣味的小零食。为了孩子们的肠胃健康，特设一名肠胃保管员，提醒大家少吃、不吃零食以及不得在教学区吃零食）

监督员 2 人——廖堂艳、廖古月

（岗位设置理由：班干部或者老师是监督别人的，可谁又来监督他们呢？人人都是需要监督的，所以特委派廖堂艳监督所有老师，尤其是班主任的言行；委派廖古月监督班委干部的管理是否到位，执法是否公正等）

礼仪官 1 人——王志明

（岗位设置理由：班上部分同学说话粗俗，举止粗鲁，为了让男生文雅，女生优雅，特设礼仪官一名，以便监督同学的言行举止是否得体、文明）

劳动组组长 10 人——杨柳、唐小洪、杨杰、龙翠、邓敏、胡波、张兴东、王鹏、邓永辉、唐媛

（岗位设置理由：因学校条件有限，没有专职保洁员。学校教室以及公共区域都由学生自己打扫，因此每天的卫生任务很重。没有组长领头，全靠组员自觉，短时间是没有问题的，但时间一长，孩子们容易倦怠，因此，组长可以起到一个组织、提醒、督促的作用。）

课堂纪律维护员 4 人——胡维杰、彭聪、龙成、贺加富

（岗位设置理由："意搏班"的孩子过分活泼，喜欢盲目跟风，场合感比较差，所以，课堂纪律是个老大难的问题，整体上不太安静。为了创造一个良好的学习氛围，特聘上述 4 人做课堂纪律维护员）

九、班级惩戒措施的制定

步骤一：发现班级存在的问题。发现问题的方法有三种：一是班主任

观察，二是向科任教师询问，三是在学生中进行不记名调查。切记：不培养"心腹"，不搞"锦衣卫特务"组织。

步骤二：让每个孩子都根据班级问题提出处理办法，由纪律委员收集并进行统计（班主任不可彻底放手，一定要把好关，孩子的处理办法一般是比较粗糙或粗暴的）。

步骤三：全班意见整合后，让纪律委员利用活动课或者自习课时间在全班听取意见，每一项惩罚措施必须保证所有的同学同意才可实施。

特别说明：班主任看问题眼光一定要放长远一点儿，有时，某些现象在短期看起来不会出现问题，但时间一久，就会衍生出问题来，所以，在制定班规时，一定要有预见性，即便有些问题暂时没有，也要制定相应的班规加以防范。比如，学生夜不归宿，翻越围墙外出上网，甚至爬到女生宿舍就寝（由于学校住宿条件不好，男生、女生住同一栋楼：男生住一、二楼，女生住三、四楼。二楼通向三楼的一段楼梯被堵死，男、女生没机会串门。但有些男生很顽劣，会偷偷爬上三楼或四楼，躲在女生宿舍睡觉）等。另外，班主任也要让班干部明白：虽然制度是冰冷、生硬的，但我们在执行的时候完全可以注入一丝柔情。制度不仅是约束，还是激励。"制"是管制、钳制，是赋予管理者权力；"度"强调的则是依制度行事的标准，是管理者对"度"的把握。制度制定出来之后，班主任一定要指导班干部在不违背人性的基础上有效地执行。

附《"意搏班"违纪行为惩罚条例》。

"意搏班"违纪行为惩罚条例

1. 迟到——迟到时间在5分钟内，第一次迟到绕操场跑5圈，第二次迟到跑6圈，第三次迟到跑7圈，以此类推；迟到时间在10分钟内，第一次跑8圈，第二次跑9圈，第三次跑10圈，以此类推；同一个人迟到时间在20分钟内，第一次跑14圈，第二次跑15圈，第三次跑16圈，以此类推（这项惩戒措施出来后，我表示不能接受，认为有体罚之嫌，可是孩子们表示他们能接受，最后我尊重了他们的意见）。

2. 旷课——班主任告知家长，要求旷课学生说明原因，写一份不少于300字的反思；旷课学生绕操场跑20圈，可分两次跑（这项惩罚我认为也太重了，可是孩子们说旷课完全是可以避免的，你有事可以请假嘛！老师又不是不通情达理。对于那种恶意旷课的行为必须重惩，这是孩子们的意见，我尊重）。

注明：这两条由书记员和时间提醒员负责。

3. 不按时交作业——补足所欠作业。

4. 抄袭作业——自愿给人抄袭的，抄袭者与被抄袭者罚扫教室一次；偷抄的，只处分抄袭者，处罚方式同上。

注明：由各科代表负责。

5. 在教学区吃零食——建议家长扣发两天零用钱，吃零食者打扫教室卫生一次。

注明：由肠胃保管员负责。

6. 本来理亏，却还要与老师顶撞——向老师道歉，并且写一份不少于300字的反思文章。

7. 恶意给同学取绰号——先道歉，再给同学取几个文雅、美好的绰号，并且进行广泛宣传。

8. 乱翻别人的桌洞——侵犯隐私，第一次犯，交由班主任私下处理；再犯，在班级公开处理。

9. 说脏话——写出不少于50个文明、优美且文雅的人际交往词语。

注明：由礼仪官和语言清洁员负责。

10. 上课说闲话——超过两分钟的，取消一节课外活动。

11. 上课做小动作——清扫讲台三天。

12. 上课乱接下茬引起混乱——取消接下茬者最喜爱的活动一次，如课外活动、野炊活动等。

13. 上课傻笑引起课堂停止——写一份不少于300字的说明书，说明傻笑的原因。

14. 上课发脾气引发混乱——写一份不少于300字的说明书，说明发脾气的原因。

15. 上课乱冒杂音——课间到纪律委员处说清楚情况，并写一份不少于300字的反思说明书。

16. 上课看课外书——写一份不少于500字的阅读心得，两周之内不可借阅班级图书馆的杂志。

17. 上课玩东西——东西没收，并写一份不少于300字的反思说明。

18. 上课不听课的同学之间笔聊——当场销毁聊天用纸，销毁者不可以看内容，笔聊者写一份不少于500字的说明反思。

19. 上课同学之间争吵引发课堂混乱——争吵的同学向老师和全班同学道歉。

20. 上课睡觉（生病除外）——可以自己站到过道上或者教室的后面去。

21. 课堂上做与该课堂无关的作业——作业作废，并且利用空余时间补上耽误的课业。

注明：由课堂纪律维护员负责。

22. 课间追赶打闹——绕操场跑5圈，再犯跑10圈。

23. 下课时间在走廊上聚集阻碍交通——上体育课时做"十八"（即十八般武艺，诸如俯卧撑、仰卧起坐等各项体育活动）。

24. 课间到外班教室外转悠——绕操场跑5圈，屡教不改，再罚5圈，上线不超过10圈。

注明：由安全委员和课间巡视员负责。

25. 抽烟、喝酒、赌博——第一次犯，交由班主任私下处理；再犯，公开处理；第三次犯，取消住宿资格，并取消住宿生生活补助，请家长到学校配合教育。

26. 读书期间带手机到校——住宿生不给予生活补助；走读生手机交由老师保管，学期结束再退还。

27. 故意损坏公物——照价赔偿，写一份不少于300字的反思。

28. 与社会青年搅在一起——情节轻微的，交由班主任处理；情节严重且产生不良影响的，劝退。

注明：由纪律委员和班级大法官负责。

29. 在寝室里乱拿别人的东西——照物赔偿。

30. 在寝室里乱吃别人的饭菜——赔礼道歉，并且写一份不少于300字的反思。

31. 在寝室里乱说别人的闲话——道歉，允许双方私下和解。

32. 夜不归宿、晚上翻越围墙外出——取消住宿资格和生活补助。

33. 不整理内务——清扫寝室一天。

注明：由各寝室室长负责。

34. 不作为造成班级扣分——班级扣多少分，不作为者就扣多少分，并且写一份不少于300字的反思说明。

35. 不承担属于自己的劳动任务——班级扣多少分，不作为者就扣多少分，并且写一份不少于300字的反思说明。

36. 在教室里制造污染源——污染一次，清扫教室一次。

注明：由劳动委员负责。

37. 考试作弊——分数计为零分，并且写一份不少于300字的反思说明。

注明：由学习委员负责。

特别说明：这份惩戒条例里，有许多项要写反思说明。我个人并不赞同每次都让孩子们写反思，那样会很无聊，孩子们也会流于应付。恰好，我是语文教师，所以，我不让他们写什么无趣的反思说明，而要他们把当时发生的事情用夸张的笔法写出来，写成有趣的故事，把我们大家逗乐。同时我也可以将之拿来做记叙文写作指导。从实践结果来看，这种做法既让孩子们进行了反思，也锻炼了孩子们的写作能力，从来没有孩子抱怨过。其实，主要还是学生成长了，类似的错误也越来越少了。

十、构建监督网络

权力在一个人手上握得太久，难免会滋生霸权主义，甚至还会出现权力寻租的现象。因此，监督是必要的。所以，在班委团队之外，我还专门设有一位监督员对班干部进行监督。有人一定会疑惑，如果这位监督员被收买了，怎么办？有这种可能。于是我又要求全班同学去监督监督员，看监督员是否徇私。我允许实名检举，但反对打小报告。

期末时，还要从五个方面对班干部进行考核评议。具体的考核评议标准如下。

班干部考核评议标准

一、责任感，20分。所谓责任感，就是指班干部对班级、对自己表现出来的责任心。责任感强的，勤于管理，并且也能对自己进行管理；责任感弱的，则表现出懒散、无所谓、不参与的态度。

二、主动性，20分。所谓主动性，就是指班干部对班级管理工作是主动自觉地进行，而不是坐等老师的指令行事。比如，班级里出现了一些不良风气，班主任还没觉察，班长已经先行一步在班里进行整顿，这就叫工作具有主动性。

三、自控力，20分。班干部是班级的管理者，既然要对别人进行管理，首先要做到的是能够管理自己。能够按照班级管理条例管住自己的，则自控力强，反之，则自控力弱。

四、方法策略，20分。要提高工作效能，就要讲究一定的方法策略。好的方法策略能够改善人际关系，能够提高管理效能，能够见微知著。不好的方法策略则会造成工作低效甚至无效，严重的还会伤害人心，破坏班级团结。

五、执行力，20分。班干部是班级的管理者，有执行力非常重要，否则就是一个摆设。执行力强的班干部,会迅速刹住班级不良风气;反之,则会助长不良风气。

打造一支精锐的班级管理队伍不是朝夕之间就可以完成的，所以，班主任一定要秉持"教育是慢的艺术"这个观点对班干部进行文火熬煮。只有坚持不懈，对孩子们充满信心，再加上智慧运作、正确培训、理性用人，才能构建一支强有力的班级管理队伍。

如何锻造班级核心领导层

在建设班级管理队伍的时候，应着力锻造班级的核心领导层。

何为班级管理的核心？比如，我有座房子，把房顶拆了，房子屹立不倒；把砖、沙都掏空了，房子还屹立着。也就是说，只要主体部分还在，我的房子始终都在。就一个班级来说，要想它的风貌始终积极向上，那么它就一定要有一个核心领导层。再说，从班级管理的专业角度来讲，衡量一个班级是不是班集体的标准之一就是看它是否具有核心领导层！[1] 那么我的班级管理团队中的核心领导究竟有哪些呢？

班长，我称之为班级的擎天柱。班长必须是班级的精神领袖，是协助班主任做教育梦的人。

学习委员、纪律委员、劳动委员、宣传委员，这四个岗位我称之为班级管理的四根定海神针。他们必须充满正能量，执行力很强，是帮助班长和班主任实现梦想的最佳人选，我又把他们称为助梦团队。

班上的其他成员，我统称为追梦者。如果他们能追，我就带他们使劲儿追；如果他们追不了，我就放慢脚步，等着他们追。

有了这样的团队定位后，我就着手锻造我的班级核心领导层了。具体该如何操作呢？

不同的班级，有不同的锻造方法。不论是起始班级，还是中途接手班级，以我多年的经验，综合起来看，班级整体性格，基本上可以分出以下四种类型。

---

[1] 黄正平. 班主任专业化论纲 [M]. 南京：南京大学出版社，2009：97.

闹腾型。这样的班级，不论是男生还是女生，性格都比较张扬，喜欢人来疯，爱表现，自控能力比较差，一有机会就叽叽喳喳，课堂纪律比较差，自习课稍不注意就可能变成喧闹的集市。学生不喜欢思考，追求自由、快乐，考试成绩不佳，做其他活动热情很高，但效果不好，还不能接受失败，一旦失败，都很沮丧。这样的班级老师带起来比较快乐，因为孩子不记仇，情感比较丰富。但是效果不明显，所以老师在快乐之余也是比较焦虑的。

思考型。这样的班级孩子们的执行力、规则感都比较强，他们喜欢思考，喜欢追问，追求完美。只要安抚好孩子的情绪，呵护好孩子的心灵，班级考试成绩就会显成效，他们参加各类活动也会很出色。不过，带这样的班级对班主任的考验很大。因为这些孩子很有想法，喜欢对老师的言行进行批判，能力差的老师会被孩子架空。

安静型。这种班级多数孩子比较安静，不惹事，不用班主任操心。表面上看他们很听话，很乖顺，班级纪律也相当好。但是如果他们的内心得不到激活，他们很容易变成休克鱼，班级也如一潭死水。不论是班级成绩，还是班级活动，抑或是孩子的成长，都很难推动。

追求型。这类班级看起来比较散，每个孩子都有自己的目的，有点儿自私，也有点儿功利。他们想要的很多，想得也比较远。这样的班级比较有活力，带起来效果最明显。因为孩子的自我要求比较高，自主能力比较强，抗挫能力也比较强，所以小小的打击对他们而言就好比挠痒痒，舒服得很。但是，这样的班级也比较急躁，很容易跟老师对抗。一旦老师把孩子惹毛了，他们就会对抗到底，非常逆反。特别强势又不懂得示弱的班主任带这样的班级有一定的难度。

当然，这只是从性格这个角度来分类的，未必科学，但实践中确实存在这几种情况。带班20多年，这四种班级我都带过，各有收获，也各有心酸，但不管怎样，最终班级都呈现出成长的态势。那么我是怎么做到的呢？我的管理团队立下了汗马功劳。下面以我带的四个典型班级为例讲述一下我是如何锻造班级核心领导层的。

一、中途接了个闹腾不休的班级

2009 年 11 月 4 日，我走进了初二（4）班（后来取名"意搏班"）。进班之前，我就听到过很多关于这个班的"事迹"。比如上公开课，整个班级氛围热烈得比春晚有过之而无不及。不管会不会、能不能答的问题，孩子们都争先恐后地举手抢答，并且气定神闲，侃侃而谈，把听课的老师听得一惊一乍。下课后，几乎每个听课的老师都会用无比羡慕的语气说："啊，教这样的班级真是幸福啊！我要是教这样高素质的学生，真是睡着了都要笑醒。"然而，班级考试成绩全年级倒数第一就像橡皮糖一样粘着他们甩都甩不掉。再比如，学校举办运动会，别的班主任愁得要命，找这个不去，叫那个不参加。而这个班级的孩子，不管是不是自己的强项，都是先抢到位置再说。一个只需要两个人参加的项目，往往有二三十个孩子报名。究竟谁上，班主任被弄得焦头烂额。还有，他们特别喜欢炫，演讲、表演小品时，个个争先，唯恐把自己落下了，结果，质量低劣，看的人直撇嘴，表演的人却像吃到了渴盼了几十年的美食一样美得不得了。

我开始还不相信有这样的奇葩班级。待我走进这个班级后，才真正理解了那句"林子大了，什么鸟儿都有"的深刻含义。

不过，真正让我头疼的并不是其他老师所说的奇葩行为，我觉得一个人有自我表现的欲望很正常，有人来疯的喜好也不奇怪。真正让我头疼的是班级纪律很差，尤其是课堂纪律。不管哪节课走进教室，你都会听到叽叽喳喳、嗡嗡的声音，听着让人心烦气躁。课堂是孩子们成长的主阵地，一旦这个阵地失守，孩子们的成长就会受到阻碍。

这个班原来的班长是一位学习成绩好、性格很温柔的女孩。俗话说"以柔克刚"，但柔要能克住刚，还得看是什么"刚"。面对一群缺乏规则意识、内心蒙昧的"刚"，无论你怎么"柔"，都克不住。

我一边背后摸底，一边仔细观察。一个身高体壮、长相有点儿凶、个性强势的男生进入我的视线。再一打听，他成绩在年级前 10 名之内，数学成绩非常棒，还有一个身为男孩很酷的本事——篮球打得好，三分球一投一个准儿，在球场上飞奔起来犹如坦克碾压过去，他也因此获得绰号一枚——"坦克"。每次开球，只要有"坦克"的一方，一定是胜利方。

这样一个闹腾不休的班级，起用"坦克"，那些闹喳喳的"刚"应该立马就被克制住。果然，"坦克"一上任，课堂上的叽喳声就小了很多，课间学生狂追疯打的现象也销声匿迹了。我还给他配了一个助梦团队。学习委员配了一个性格温和、成绩优秀、执行力比较强的女孩，纪律委员则配了一位执行力非常强的强势男。班长本身就很强势了，为何还要给他配一个强势的纪律委员呢？皆因这个班级个性温和的学生根本压不住阵脚（我不得不说这是教育的悲哀，这些孩子竟然成长为一群他控型的人）。劳动委员嘛，就不必找强势的了，老实、执行力强就可以了。宣传委员呢？这个班本身就"声名远扬"，如果不好好宣传下新形象、新面貌，不改变别人对孩子们的评价，他们就很难去改变自己的恶习，进而健康成长。所以我物色了一个细心的、追求完美的女孩协助班长实现我们的班级成长梦想。

这个核心团队切实提升了班级管理团队的领导力。在他们的互相配合下，仅用了三周时间，"意搏班"的班风就彻底扭转过来了，由以前科任老师嫌弃的班级变成了科任老师夸赞的班级。

二、带了个阴盛阳衰的班级

我现在带的班级叫"一心走路班"，男生 24 人，女生 26 人。不管是学业成绩，还是管理能力，抑或是运动方面，都呈现出女强男弱的趋势。有些男生简直是"弱爆了"！女汉子很多，而且她们很善于思考，有很多奇思妙想，胆子也很大，经常与我对话，给了我很多可行的建议。男生虽然差了些，但很乖顺，一点儿脾气都没有。在很多老师眼里，这样的班级真是好带。毋庸讳言，确实好带。只要把那些强势的女生用好了，这个班级肯定是一派安宁、祥和的氛围。但是我的那些男生怎么办？我能眼睁睁看着他们的人生在寒冬里蛰伏不动吗？我当然希望他们的春天早日到来，希望他们与女孩们一起成长。

那么谁将是男生的"带头大哥"呢？观察来观察去，我觉得小杰是最合适的人选。他身体强壮，性情温和，秉性忠厚、骨子里很倔，但外在行为非常"环保"（即温和），而且成绩棒，位居年级前 10 名；篮球也打得很棒，人气很旺。小杰不仅在男生中很有影响力，女生也非常喜欢他。这样一个孩子不让他帮助班主任做梦，不去带动班上其他男生成长，实在是太可惜了。我这样做还有一个目的，就是给班上男生传递一个信息："一心走路班"的男孩绝不是熊包，更不是孬种！

　　那么我能为小杰配备一个什么样的助梦团队呢？我组建了一个"女子别动队"。

　　我给他配备的学习委员，是一个执行力超强的强势女，负责科代表队伍以及学习小组的建设，主抓班级成绩。

　　纪律委员是一个机智善辩的复合女（多重性格），既强势，又懂得变通，很有智慧。尽管她在管理的时候显得很强势，但人际关系很好，不论男生、女生都服她。

　　宣传委员是一个多才多艺的学霸女。很多人对学霸有偏见，认为学霸很呆，很自私，只晓得读书。其实并非如此。绝大多数学霸，不仅学业成绩好，其他素质也很高，甚至美貌与智慧、帅气与才学集于一身。这个学霸女，有很多奇思妙想，通过黑板报、文艺表演等多种方式将我们的班级成长理念传递了出去，令很多外班孩子羡慕不已。

　　劳动委员则是一个规则感强的老实女。老师们也许已经发现了，我在劳动委员的配备上，很强调老实、执行力。确实如此，卫生这一块，是实实在在的，完全是要做出来给别人看的。如果劳动委员偷奸要滑，又缺乏执行力，那班级卫生就惨了。如果每次文明班的评比都无望，那孩子们还有什么上进心呢？

　　核心领导层建立之后，通过培养，就成了一支强大的领导队伍。他们带着其他的班干部，将班级搞得风生水起，而我，也可以有更多的时间来对孩子们的生命进行滋养，为他们今后的人生做更多的铺垫。

三、带了个老气横秋的班级

有年暑期，领导对我说："咱们这边的中考压力比高考压力大，你干脆到初中部来带初三吧。"我打听了这个要接手的初三班级，成绩科科年级倒数第一。领导还对我说了一句："反正是年级里最差的班级，你按自己的想法去带吧，进步了当然好，没进步也就那样。"

这个班级成绩就不说了，就说孩子吧。我是一个性格外向、开朗的人，遇到他们，我都只能说，我无语了。为什么呢？因为他们就像眼睛都不睁的休克鱼。无论你怎么表扬，或者激励，甚至发飙，他们都无动于衷。很多孩子用文字跟我表示："我们就是一群骂不还口、打不还手的人。"

面对这样一群休克鱼，我要怎么做才能激活他们的活力？能不能找到一个孩子帮助我把这群休克鱼带动起来呢？通过明里观察加暗中私访，我终于发现了一个女生堪当重任。此女叫小宝，绰号阿宝，性格张扬、外向，很有正义感，不论男生还是女生都愿意听她的。由于班级整体不爱吭声，所以她在班上也不吭声。我找到她，跟她谈了我的带班思路，也跟她谈了我的教育理想，希望她能出面帮我一把。阿宝被我说动了，愿意协助我做梦，并为自己配备了一个助梦团队。我问阿宝选人的标准。阿宝说："班上绝大多数同学都老气横秋的，必须找那种很凶残（孩子们的惯用语，就是很强势的意思）的同学才能激发他们的斗志。"我听着，心里很赞叹。其实阿宝的做法不就是心理学里的"鲶鱼效应"吗？虽然她不了解这个知识，但她具有实践的智慧，我相信这个班级在她的带领下一定会有所改变的。

果然，阿宝带着四条"凶狠的鲶鱼"走马上任了。上任的第一天就协助我给班级取了一个很有意义的名字——"涅槃班"。没错，凤凰要涅槃，必须置之死地而后生！

一年后中考成绩出来，不被学校领导寄予希望的"涅槃班"有 3 个孩子的分数上了 600，而三年成绩都位居年级之首的班级才有 4 个孩子的分数在600 以上。班级综合评估也由原来的年级倒数第一变成顺数第七。

四、带了一个很有见识、颇有想法的班级

我在海口带过一个班，班名叫"奋进班"。这个班的孩子很有见识，也很有自己的想法。比如，小然，七年级的孩子，就读了王小波、周国平的书，甚至还读了《中国不高兴》这样的书。她对教育也有很独到的见解，要是看不惯某个老师的做法，就会撰文批判。她还很喜欢漫画，对漫画钻研得很深，很多老师对漫画的理解都达不到她的深度。她建立了"月光馒头工作室"，自己招募工作人员，七年级的时候就办出了海口市第一份由初中生亲自操刀的漫画杂志。还有小宇，她妈妈是香港《文汇报》的记者，在妈妈的耳濡目染下，小宇也成为一个极有见识的女孩。类似这样有见识、有个性的孩子还有不少。我要怎么带，这个班级才会既有特色，又不会泯灭孩子的个性，不影响他们的成绩呢？

鉴于班级性格以及孩子们的能力素养，我起用了小豪做班长。这个孩子耿直，讲义气，见多识广，有想法，成绩好，理科强，喜好漫画，也因此深得大才女小然信服。我说任用他做班长，大才女恨不得举双手赞同，还说愿意为他肝脑涂地。既然小然都这样说了，我在为小豪配备助梦团队的时候，毫不犹豫地推荐小然做他的第一下属，并且给他做了全面分析。班长巴不得有这样的才女相助，赶紧点头应允。纪律委员我则建议由执行力强的强悍女小颖来做。为什么呢？"奋进班"的那些孩子爱耍骄耍横，过于老实的孩子容易被其他孩子欺负。至于宣传委员，我为他配了一个心细如发的温和男。为何这么配？特意配的男生吗？也不是，只有他最合适罢了。劳动委员，按照老规矩，配了个没事找事的放心男。这里我要说明一下为什么要特意强调"没事找事"。因为这所学校是私立学校，大多数孩子家里有钱，养尊处优，嘴巴上说得动听，行动上却懒得很。

核心领导层打造好之后，再组阁其他班干部，最后加以培养，一支精锐之师就打造出来了。

我在这里要特别强调一下，作为一个班级核心人物、精神领袖、擎天之柱的班长，必须具备哪些素质呢？归纳起来有 10 点。

1. 要有一颗公平心。

2. 成为学习的领头羊。

3. 言必信，行必果。

4. 有一定的预见性。

5. 具有一定的鼓动性。

6. 要有耐性。

7. 要有亲和力。

8. 关心其他班委。

9. 舍得吃苦，甘愿吃亏。

10. 要有做梦的意识。

整个核心团队应该有影响力、执行力、规则感、责任感，牢牢坚守团队利益高于一切的理念！

如何塑造班级文化的三张"名片"

有人说，三流的班主任靠情感治班，二流的班主任靠制度治班，一流的班主任靠文化治班。不管是情感，还是制度，抑或是文化，只要能把班级治理得井井有条，能使班级健康发展，就是可行的，就是好办法。不过，就我个人来说，我更倾向于用文化治班。我以为，一个班级如果没有属于自己的文化，内部就会缺乏凝聚力，这个班级也就会缺血且无魂。所以，班主任在做好班级常规管理之后，一定要着力建设属于自己班级的文化，并将其塑造成属于自己班级的、富有特色和个性的"文化名片"。

那么，如何塑造这样的文化名片呢？

先要明确，"文化"是一个非常宽泛的概念，是一种意识形态，所以很难给它下一个严格、准确的定义。不过，我们可以从表象、行为、思想三个层面来切入，也就是从我们常说的物质、制度、精神三个方面来塑造班级文化的三张名片。

第一张名片——物质文化的建设

表象层面的文化，也就是我们常说的物质文化，是班级文化中最为浅层的文化，也是每个班主任驾轻就熟、校领导最喜欢用来衡量一个班级是否有文化的标准。贴在墙面上的东西，虽然不能说话，但对孩子有一种潜移默化的影响，能够熏陶孩子的心灵。因此，布置教室，美化教室，把自己的教室装点成一个雅致且充满温馨的教室，是班主任的一项基本功。

班主任该从哪些方面去塑造班级物质文化这张名片呢？

这个没有定论，班主任可以根据自己班级的特点以及自己的喜好做出自己的特色，一般情况下，可以从以下几个方面入手。

黑板报	公告栏
"智慧屋"（学习园地）	晋级榜（评比栏）
标语张贴	图书角
盆花	桌套
桌椅摆放	劳动工具归置
书画长廊	科普长廊
世界之窗	特长展示

墙面文化，可以模仿、复制，除了创新，不涉及太多的班主任专业知识，对班主任来说，不是难事。因此，希望每个班主任都重视这项物质文化的建设。因为没有物质文化建设，后面要进行层次更高的文化建设，就好比是在沙滩上修城堡了。

第二张名片——制度文化的建设

俗话说，没有规矩，不成方圆。我不相信那种不要任何班规制度，就可以让孩子们自然习得一个合格的现代公民所具备的素质的做法。就算没有明确的班规，那也一定有隐形的道德约束或者充满正能量的舆论压力在起作用。

班主任要大大方方地与孩子们一起挖掘班级存在的问题，然后直面问题，商量对策，与他们一起制定能促进他们成长的班规或者公约。

在这里要特别提醒一下我们的老师：规则应该是严肃的，甚至严厉的，同时也应该是柔性的、人文的，而不是充满暴力和控制性的。班规既要教孩子们怎么做，也要告诉他们哪些不可以做。班规出台之后，还要配以相应的奖惩措施。比如，我们的"一心走路班"班规，不仅告诉孩子们怎么做，也告诉了他们哪些不能做，最重要的是，每条班规都有制定的理由。这些班规渗透着"人文、柔性、严肃"的内涵，所以孩子们在执行的时候毫无异议，还得到了家长的支持。

附《"一心走路班"做人要则41》。

"一心走路班"做人要则41

一、课堂内外

1. 同学之间、师生之间不得互相埋怨、指责，如对方有错或者失误，必须友善地进行鼓励或者安慰。（理由：埋怨只会增加双方的厌恶感，导致人际关系恶劣，而且于事无补）

2. 做错了事，必须认错并要赔礼道歉。（理由：一个敢于认错的人才有可能敢于改错）

3. 放学离开教室时，每个人都要收拾自己的"地盘"，将椅子或凳子推进桌子下面。（理由：养成自己的事情自己做的习惯）

4. 桌洞里的东西必须分类整理，不能随意散放在桌面上。（理由：学会分门别类地整理自己的东西对今后的工作有很大的帮助）

5. 课堂上老师提问，必须回答。懂了，要洪亮地把自己的答案告诉老师；如果不懂或者不明白，要如实告诉老师。（理由：教学需要反馈，如果不回答，老师很难了解学情，无法帮助老师教学，也无法提高学生的学习能力）

6. 说话时，必须看着听话人的眼睛。（理由：学会尊重才会获得尊重）

7. 别人说话时不可以打断。（理由：懂得做人要礼貌、要尊重别人）

8. 不可以私下议论同学和老师的是非。（理由：这样的议论只会造成人际关系紧张，对每个人都没有好处）

9. 同学交往不可以使用粗鲁、粗俗的字眼，如"滚"、"笨蛋"等。（理由：文明不是文字，而是具体的行动，先从语言清洁开始）

10. 当同学心情不好或遭受失败时，必须进行鼓励和安慰。（理由：

给别人一张笑脸，你会收获一份快乐；给别人一份宽慰，你会收获一份感激）

11. 不论何时,老师布置的作业都必须写。（理由: 学生做作业是义务,毫无条件可讲）

12. 老师送学生礼物时，学生必须双手接过，并鞠躬致谢。（理由：礼仪不论在何时都不过时）

13. 不可以藐视课堂，包括语言藐视、肢体藐视。（理由：课堂是大家的，因此不可有私人行为，否则就是与大家过不去）

14. 老师、同学说话时要善于聆听，不可以因不善于聆听而误事。（理由：聆听，是现代人必备的优秀素质）

15. 如果班上有同学赢得比赛，或有什么出色的表现，大家都应该鼓掌恭喜他。鼓掌应该持续至少三秒，要拍出响亮的掌声。（理由：学会鼓励，才会对自己进行激励）

16. 赢得任何比赛，或有任何好表现，都不可以炫耀。如果输了，也不要露出生气的模样。（理由：生气只能表示你无能或者很逊色）

17. 不要用咂嘴、翻白眼等类似动作蔑视他人。（理由：肢体语言更容易伤害人）

18. 认识并记住学校每一位教职员工，并亲切地打招呼。（理由：可以让学生获得更多的人际资源，形成丰厚的人脉）

19. 不要带零食到学校。（理由：零食对身体并无好处）

20. 如果遇到别人找麻烦，让班主任知道。（理由：因为班主任本就应该照顾和保护学生）

21. 不论什么情况，一定要诚实。（理由：每个人都欣赏诚实的人）

22. 课间不可以在教室或者走廊等公共场合打闹。（理由：在公共场合打闹，一是容易造成安全事故，二是给人不文明、素质低下的印象）

23. 不可以随意向别人借东西。（理由：经常向别人借东西会让他人心情不愉快）

24. 老师在责罚某名学生时，其余同学不可以盯着那个学生看，更

不可以凑热闹、瞎起哄。(理由：犯错的人本来心里就够难受了，再受到其他同学的奚落，更会无地自容)

二、公共场合

25. 所有的正式活动都要穿戴整齐，符合学生身份。(理由：凸显班级风貌，体现班级精神，提升班级凝聚力)

26. 按时起床出操，进教室。(理由：守时是一种优秀的品质，养成守时的习惯终生受益)

27. 全校集会时，不要说话，不要东张西望，也不要试图吸引别班朋友的注意。(理由：自爱、自重就体现在这样的细节上)

28. 绝对不要插队。如果有人在你前面插队，不要说什么或做什么。(理由：不良的习惯虽然别人有，但自己要力争杜绝)

三、就餐、就寝

29. 用餐时不可高声喧哗，用餐完毕必须收拾自己的食物残渣。(理由：自己的事情自己做)

30. 就寝时不得乱串寝室以及吵闹。(理由：影响别人休息是最没公德的行为)

31. 理解、热爱、尊敬生活老师，不可与生活老师顶嘴。(理由：照顾你起居的人是最辛苦的人，值得尊敬和热爱，我们要学会感恩)

32. 用水、用电、吃饭都不可贪多造成浪费。(理由：浪费不论在哪个时代、哪个国家，都是可耻的行为)

四、家里家外

33. 遇到大人或长辈，要主动称呼。大人问你话时，你一定要清楚回答：是，不是；好，不好；有，没有；或者，我不知道。不可以光点点头或摇摇头，也不可以含糊答"哦"或"嗯"。(理由：从小养成待人有礼貌的习惯，长大之后受用无穷)

34. 咳嗽、打喷嚏、打嗝时，得体的做法是别过头去，并用整个手掌掩口。然后你应该对别人说声"对不起"或"抱歉"。(理由：有不文

明的行为要对别人说声对不起，那是文明人的表现）

35.回家或离家一定要与父母打招呼，或说"妈妈、爸爸，我走了"，或说"妈妈、爸爸，我回来了"。（理由：父母是自己最亲近的人，我们应随时让他们放心、安心、开心）

36.有人送你东西时，收与不收是你的权利，但绝对不要嫌弃礼物，也不要暗示你不领情，侮辱送礼的人。（理由：一个懂得感激的人，必然是一个懂得回报的人）

37.随时为别人做一些小小的贴心服务，带给别人一些小惊喜，至少一个月一次。（理由：你给了别人多少，别人也会给你多少）

38.如果你走进一扇门，有人在你后面，你要帮他扶住门。如果门是要拉的，你就拉开门，但自己先不进去，扶着门在旁，礼让另一个人先行，你自己再进去。（理由：虽然这只是一个细节，但通过这个细节足以看出你的修养，一个有修养的人是受人喜欢的）

39.如果有人撞到你，即使不是你的错，也要说"对不起"。（理由：这是一种巧妙的应对，也是化解矛盾的明智之举）

40.记住亲人的生日，并适时表示祝贺。（理由：一个连自己亲人都不关注的人，很难相信他会关注别人，关注国家）

41.过节时一定要在家里陪伴自己的父母或者爷爷、奶奶。（理由：多和亲人相处，才会热爱自己的亲人）

班规出台了，如果没有配套的奖惩措施，推行的时候效果必定不佳。因此，班主任还要与孩子一起制定令大家都能接受的奖惩措施，这个难度不大，具体怎么操作，前文已有叙述。

第三张名片——精神文化的建设

班名。一个班，只用一个数字表示，没有感情，没有温度，也没有凝聚力。所以，从精神层面来讲，班主任要和孩子们一起为自己的班取一个充满正能量的名字。这样的名字，既有温度，也有力量，最主要的是，这个名字可以把孩子们凝聚在一起。我带过的班，有"奋进班"、"意搏班"、"乐美家族"、"涅槃班"、"一心走路班"。孩子们都很喜欢自己的班名，即使毕业了，也不是用数字来称呼自己的班级，而是自豪地将自己的班名挂在嘴上。

我现在带的班级就叫"一心走路班"。我曾经读过一行禅师的著作，感触颇深。我觉得，身为教师，我们的主要任务就是唤醒每个沉睡的生命，让其勃发生机，然后，选准目标，一心走路，朝着目标进发。于是，"一心走路班"这个班名在我的脑海里产生，但我又有些犹豫，年少的孩子能领悟这个充满禅机的班名吗？果不其然，当我把这个班名写在黑板上的时候，孩子们都莫名其妙地看着我。但当我在黑板上写下"心怀正能量，一心走路，做个朴素的人，朝着目标前行"这句话，并且把我对这个班名的理解和希望都说出来后，孩子们都了然于胸并且面露喜色。我相信，这些孩子如果能在班名的启示下，努力地去践行，就会一步步地找到他们的觉知，最终到达幸福的彼岸。

一个班名，在有些人看来也就是一个符号。但在我看来，它会留存在孩子的记忆中。所以，它应该是一种正能量的释放，是一种积极精神的召唤，更是一种意蕴深刻的警示、一种教育理念的体现。

班章。每个国家单位都有一个鲜红的印章，显示正式、正规。我的班级，也有一枚鲜红的章。比如，制定制度时，发布消息时，都要让掌印大使盖一个章，表示这件事非常正规，也非常郑重，红章一盖，文件生效。

班章如图所示。

刻章简单、易行，就看班主任是否有心，是否愿意去做。不过，我要特别说一下，孩子们特别喜欢，也特别在意这枚班章。

班徽。如果一个班没有自己的标志，没有自己的核心价值，那么这个班的文化也缺乏凝聚力。所以，班主任在塑造精神文化的时候，要引导孩子设计班徽。班徽的寓意就相当于班级的愿景。班徽的设计不是由老师来完成，而是由老师指导学生来完成，并且不是一两天就能完成的，毕竟这里面要融进班主任的带班理念，也要糅进班级的发展理念。

"一心走路班"班徽如图所示。

班徽寓意：一个大"心"字代表我们班是一个团结向上的集体。一群阳光、活泼的孩子，在甘当绿叶的老师的带领下，心怀正能量，一心走路，走出正气和智慧，走出成功与喜悦，走向辉煌的明天！

班花。班花彰显的是一种精神内涵。比如，我们"一心走路班"的班花是莲花。为什么要用莲花呢？因为我们班级的核心文化之一是"莲文化"。莲"出淤泥而不染，濯清涟而不妖"，这朵花作为我们的班花，随时都在告诉孩子们要"远离诱惑，做一个高洁的人"。

班服。班服就是普通的文化衫。颜色、款式都由孩子们选择决定。文化衫前面印制班徽，后面印制班花，孩子们穿出去，很自豪，很得意，跟别人交谈的时候，都在自觉不自觉地传递我们的班级文化。当然，为了对得起身上的那件衣服，他们的行为总是会比别的孩子更得体一些。

班歌。班歌唱响，激情昂扬，孩子们的自豪感、荣誉感、积极心、正能量就借助歌声渗透到心田了。创作班歌并不难，如果孩子们可以自己填词、谱曲，那当然好；如果能请到音乐家给谱曲，那就更好。如果这些都做不到，也没关系，可以选一首积极上进、适合自己班风的歌曲，借用曲子，让孩子们重新填词，一样可以唱得有滋有味。比如，我现在的班级，孩子们根据《红蜻蜓》的曲，创作了一首班歌，再请音乐老师修改，然后学唱，唱好之后创作音乐剧。孩子们在音乐课上学得可来劲儿了。

下面是"一心走路班"班歌《我们要长大》。

我们要长大

作词：李宛铮　田雨娟

跑呀跑呀
在蓝天下追寻着光影的脚步
在春风中寻找着昂扬的梦想
告别稚嫩的童年
迎来崭新的春天
未来在呼唤

我们的青春
如向日葵抬头迎着阳光
每一天笑得灿烂
轻轻地摇摆
快乐地成长
是我小时候的痴痴向往
希望有一天绽放美丽的色彩

当时间越过越快
学习任务越来越重
我想我与童年渐行渐远了
鲜艳的红领巾曾几何时
也在我的岁月中逐渐消失了

我们都已经长大

好多梦想在飞

就像小时候放飞的风筝那样

我们都已经长大

好多梦想要追

就像在田野里自由地奔跑

接下来，还有班训、班级口号、班级格言、班级标语，都需创作且落实到行动上。我相信，假以时日，这样的班级，一定是一个有文化、有品位的班级。孩子们在这样的班级里，能找到归属感、安全感、依恋感。

以下是"一心走路班"的班训、班级口号、班级格言、班级标语。

班训：静思、能群、乐学、笃行。

班级口号：学以致用，知行合一。

班级格言：知是行之始，行是知之成。

班级标语：思考力决定竞争力。

以上这些精神层面的文化，还算是低层次的，但是这个低层次的必须做。一旦低层次精神文化变为孩子们的行动，接下来就要塑造高层次的精神文化了。

形成班级的核心价值观。要形成班级核心价值观，先要在孩子们的心田种下正确价值观的种子。我承认当下社会价值观多元化，只要是不伤人、不害己、不违反国家法律的价值观，都能得到认可。但是，作为教师，有责任，也有义务将积极的、充满正能量的主流价值观植入孩子的心田，比如阳光、善良、热情、承担、勇敢，等等。一旦孩子们形成了正确的价值观，班主任就要着力打造核心价值观了。当下不论是学校，还是社会，都存在严重的"知而不行"的问题，尤其是学校，"知而不行"已成为德育工作的瓶颈。

所以，我教给孩子们"知行合一"的价值观。

打造班级愿景。愿景是人们为之奋斗且希望达到的前景，是一种意愿的表达。愿景包括未来目标、使命及核心价值观，是最终希望实现的前景。

对于一个人来说，愿景就是个人所向往的意象或景象；对于一个组织来说，愿景必须是共同的。共同的愿景就是组织成员所向往的意象或景象。

我每带一个班，都要为这个班级打造愿景。我以"乐美家族"为例，说说是如何打造班级愿景的。这个班级是由51个孩子组成的集体。这个集体的共同愿景是什么呢？不能由我来决定，而是由我引导孩子们一起来确定。愿景里的每一个关键词都是由"乐美家族"成员提供的，我只是对关键词进行调整、重组，最终形成以下愿景。

打造一个温馨、互相体谅和关怀的和谐班级。

打造一个干净、快乐，每天都能成长的幸福班级。

打造一个人人都有理想，且能够自律、团结的活力班级。

打造一个奋发学习、乐观自信、积极思考的上进班级。

打造一个有信仰、有责任感和使命感的优秀班级。

每个孩子都要成为别人的重要他人。

每个孩子都要得到尊重和欣赏。

每个孩子都要有自己健康的兴趣和爱好。

每个孩子眼里都要充满求知的光芒。

形成班级灵魂。一个人，没有灵魂，就是行尸走肉；一个班级，没有灵魂，就没有活力，没有发展力。所以，班级文化的最高境界，就是为自己的班级打造班魂。当然，要打造班魂，前期就一定要把功夫做足，否则就是空中楼阁、海市蜃楼。前期功夫下足了，我会选择一个恰当的时机（这个时机老师随时可以制造），把《亮剑》里李云龙在军事院校结业典礼上的演讲视频放给孩子们看，看得他们热血沸腾，激情昂扬。

"任何一支部队都有自己的传统。传统是什么？传统是一种性格，是一种气质。这种传统和性格，是由这支部队组建时首任军事首长的性格和气质决定的。他给这支部队注入了灵魂，从此，不管岁月流逝、人员更迭，这支部队灵魂永在！同志们，这是什么？这就是我们的军魂！

我们进行了22年的武装斗争，从弱小逐渐走向强大，我们靠的是什么？我们靠的就是这种军魂，我们靠的就是我们军队广大指战员的战斗意志。纵然是敌众我寡，纵然是身陷重围，但是我们敢于亮剑，我们敢于战斗到最后一个人。一句话，狭路相逢勇者胜！亮剑精神，就是我们这支军队的军魂，剑锋所指，所向披靡！

我把这段话挑出来气势高昂地读给孩子们听。读完，我告诉他们：一个部队，之所以有战斗力，之所以能"狭路相逢勇者胜"，是因为这支部队有灵魂。那么我们的班级，也要有自己的灵魂，我们也要有自己的性格和气质，那就是"知行合一，永不言弃"！（"一心走路班"的班魂）

我给班级制造了一个"魂"，也仅仅是个"魂"在那里。要是不诚心地"喊魂"，这个"魂"就始终会呈昏睡状态。因此，每天进到教室，我都会充满激情地"喊魂"。开始，"魂"是麻木的。慢慢地，"魂"会有反应。再坚持，"魂"就会苏醒。一直坚持，"魂"就活跃了，甚至充满了激情。到此，这个班级就真正成长了。一个班级，有了班魂，哪怕经历了惨痛的挫折，抑或是中途换了班主任，都会屹立不倒。因为魂在，人就在，精气神儿就在！

最后，我还想说一句，塑造班级文化的三张名片，并非是要向别人证明什么，而是为了帮助孩子们搭建精神家园，帮助他们进行精神成长，这也是班主任的专业核心所在。

第四章
一步步走向觉醒和幸福

人若不成长，是一件非常可怕的事。尤其是教师，面对的是人，是国家的未来，因此，作为教师，成长没商量！作为一线教师，尤其是班主任，该如何成长呢？

我为什么要自我成长

我原本是一所偏僻的农村学校的老师，不论从哪个角度来讲，成长都是一件非常艰难的事，但我始终没有放弃过成长，于是一路从四川到海南，再到广东，闯出了我的教育一片天。

自我觉醒——成长之路一波三折

1991年，我从师范学校毕业，被分到了一个偏僻的小学做教师。每月工资只有68.5元，并且还只发一半，而我每月吃饭就要花掉42元。工作半年后，不仅回家过年没有路费，还欠下一屁股的债。

那个时候既没有网络可用，也没有专业书籍可读。我既不认识李镇西，也不知道魏书生，根本不懂得什么叫班主任专业成长。所幸的是，我天性勤奋，凭着不服输的个性，靠死做、硬磨以及自我觉醒，把班级经营得风生水起。

我当初的做法首先是不计任何成本，把学生跟得几近"崩溃"。我每天早晨6点准时起床，简单吃过早餐后就扎进教室，不是盯着学生读书，就是检查作业，抑或是找学生谈心。中午放学了，别的老师都忙着回家做饭，我仍留在教室，把那些听课不认真、课间打闹的孩子留下，不是给他们补课，就是对他们进行思想教育。下午放学后，我也不会让孩子轻易离开学校。凡是当天的课堂任务没有完成的学生，必须留下完成。

有些老师也许会问，不让学生按时回家，他能安全到家吗？这个问题请放心，如果真的太晚了，我绝不会让孩子单独回家，而是亲自把他送到家。在送孩子回家途中，我就跟他真诚地交流；送到家后，孩子的父母往往很感谢我。由于我对学生盯得紧、抓得牢，办事的风格是说一不二，孩子们都很怕我，凡是我安排的任务，没有不保质保量完成的。

其次是对学生的关怀全面到位。当时我对教育的认识还很肤浅，不知道班主任的专业核心其实就是关注学生的内心世界，帮助他们进行精神成长。我既不懂得如何去唤醒孩子的心灵，更不懂得为孩子的生命奠基，秉承的是"严师出高徒"的旧理论，对孩子也是一味地严厉——非打即骂。慢慢地，我发现，只讲严格，不讲宽容，学生越来越反叛。于是我就想，既然我是真心对学生好，为什么只会用严格这一招呢，为何不在严厉之中糅进温和的元素呢？因此，我开始在生活上特别关照那些孩子，平时也跟他们玩在一块儿。我想，乐意跟我一块玩，又愿意把心里话告诉我的孩子，一定会接受我的严格要求，也会在乎我的感受。特别值得一提的是，由于经常与孩子一起玩耍，他们很坦诚地告诉我，作为学生，最痛恨老师的体罚行为。从那时起，我就再也没有体罚过学生了。

孩子们的衣服湿了，我给他们换上我的衣服，然后用电吹风把他们的衣服吹干。孩子们蒸饭没有水了，我二话不说，担起扁担，挂上大铁桶就去给他们挑水。孩子们的饭没有蒸熟，我绝不会袖手旁观，而是亲自给他们煮面。至于给学生烧开水，给住校生铺床叠被、缝补衣裤，更是家常便饭，我甚至还亲手给学生编织过毛衣。

周末，我经常带着学生去田野挖鱼腥草和金钱草，到小河沟抓螃蟹，到树林里拾菌子，上山坡采野菊花。那个时候的我，留着蘑菇头，穿着粗布衣，跟孩子们在一起，就像一个大孩子带着一群小孩子，既开心，又快乐。

不曾想，没有任何带班经验的我，竟然带出了全校最好的班级，考出了全学区最好的成绩。1996年中考，我的班级在全区夺冠；1997年中考，我接手一年的班级考试成绩再创新高；1999年中考，我所带班的成绩又在全区夺冠。

正当我将班级经营得红红火火之时，校长担心我被别的学校挖走，便将我雪藏起来，不给我任何上公开课或者外出学习的机会。

教书十几年，我没有到县城听过一节公开课，也没有上过一节县级公开课。我所上的每一节课，都是原生态的，非常真实、自然。那段潜心修炼的日子，为我日后的专业成长打下了坚实的基础。

有一次，县教研室的语文教研员搞突然袭击，没跟校长打招呼就直接走进了我的教室。我当时并不知道听课的人就是负责全县中学语文教学的教研员，没有任何压力，只顾讲课。那天的诗歌鉴赏课，我讲得热情奔放。

到评课的时候，我才知道真相。自惭形秽也好，忐忑不安也罢，都来不及了，我等着这个教研员把我批得体无完肤。谁知，轮到他发言的时候，他竟然说这是他多年来听到的最好的一堂课，想不到一个小小的镇级中学，竟然藏着这么优秀的人才。

教书十几年，第一次听到有人公开说我是人才，我既没有受宠若惊，也没有飘飘然。我只认一个死理：成绩是干出来的，人才是练出来的。

在这位教研员的引荐下，我走出小镇，到市里上了一堂示范课。没有同事的鼎力相助，没有校方的大力支持，没有先进理念的指引，我一个人的战斗以惨败而告终。大家的评价是：教师个人素质确实不错，课堂流程处理相当老练。但课堂缺乏新意，课件做得粗糙，合作、探究的学习模式没有体现出来。

令人郁闷、尴尬的日子持续了一段时间后，公开课的阴霾才从我心底逐渐扫除，同时也激起了我的雄心壮志：我一定要自我成长，要一步步走向觉醒和幸福！

海明威说："人可以被消灭，但不能被打败！"校长可以剥夺我外出学习的机会，但不能摧毁一颗求知上进的心！既然见不到名师，那我就把自己变成名师！心随神动，我立马说服丈夫，买电脑，拉网线。我要利用网络学习，我要自我成长！

于是，我从网上购买了大量的教育图书如饥似渴地阅读，并浏览各大教育网站进行学习。一开始是潜水，慢慢地看出门道后，我也索性在教育论坛上注册"安家"，把自己的教育故事写出来和同行交流。

虽然我的教育理念并不先进，做法也颇粗糙，但由于是原生态的描述，鲜活真实的案例深深地吸引了一线的班主任。没想到，我的帖子刚发出去几天就被定为精华帖，很多老师在后面留言支持，我受到了莫大的鼓舞，从此便一发而不可收。

随后，我走进了跟以往完全不同的教育天地。佛家说，觉知就是佛性。当你时刻带着觉知做事时，就是一个清醒的人在活着。当一个人清醒的时候，就知道自己每天需要做什么，应该怎么去做，就会尊重自己心灵的选择。

我将陈年往事诉诸笔端，是想告诉每位年轻的教师：教育人生不是风花雪月，也缺乏回肠荡气，更没有你死我活，有的只是平淡如水，或者庸常无聊，严重一点儿说是黑灯瞎火。但是，平淡如水中，一定有水的载歌载舞；庸常无聊中，一定有庸常之后的崇高顿悟；黑灯瞎火中，一定有黑暗之中的电光石火。

追逐梦想——挑战海岛"小野兽"

2008年，经历了大地震后，我顿感生命的脆弱和可贵。我想，我不能永远待在四川盆地，我要走出盆地，用一种更加高远的目光来看待我们的教育。

到海南去看海，是我从小到大的梦想。我还记得初中的地理老师说过："住在海边的人真幸福啊！想吃鱼了，拿个瓢到海里一舀，就是一瓢鱼。"那时，我家里很穷，一年到头也难得吃到一次鱼，所以心底一直有一个梦想：有一天，我一定要到海边去，亲自到海里舀一瓢鱼。后来到了海南，我请在海南土生土长的孩子带我去海边舀鱼，他们笑得又是流泪，又是咳嗽，说："老师，您怎么这么天真啊！现在别说鱼，连鱼鳞都舀不到了。"

为了追逐梦想，我力排众议，在2008年8月21日凌晨，带着不满12岁的儿子乘汽车、坐火车、坐轮渡，历经三千里江山，历时三天，最终抵达了海口市景山学校海甸分校，开始了我的教育航海之旅。

在那里，我就像一条干渴已久的鱼找到了水，一头扎了进去。尽管私立学校的工作量是我以前学校的两倍，但我并没有觉得劳累。

我每天早晨6点半准时起床，洗漱之后，儿子用一辆旧自行车带着我一起到学校餐厅用餐。然后，母子俩各自进班，我工作，他学习。

中午，我几乎没有睡过午觉，舍不得浪费掉那宝贵的时间。在四川耽误得太久，我的教育生命快要干枯了，我必须抓住每分每秒去学习。

每天晚上，我总是10点回家，洗漱之后，跟儿子谈谈心，然后儿子睡觉，我则坐在电脑前梳理一天的工作，再敲击键盘记录我的所做所思。

到过私立学校的老师都知道，私立学校与公立学校相比并不占优势。相反，私立学校有两大硬伤：一是等不起，二是败不起。而真正有效的教育恰好就是要等得起和败得起。教育少了等待和不允许失败，是不可能真正实现成功的。为了生存，私立学校在生源上无法选择（已经办出名气的私立学校除外，但这种情况少之又少），在处置违纪学生上放不开手脚。这就导致了私立学校的老师累得半死不活，而学生和家长却在不断投诉。到过私立学校，尤其是那种二三流私立学校的老师，读万玮的《班主任兵法》就好像找到了知己一般。

私立学校的学生是富裕家庭的子女或者被其他学校放弃的孩子。这些孩子的学习习惯、思维模式都比较特殊。他们见多识广，但价值观又有失偏颇；他们聪明，但又极度厌恶学习；他们明理，但又知而不行；他们维权意识很浓，但又不愿意遵守规则……总之，他们是我走出四川盆地之前，从未遇到过的"小野兽"。

在这样的学校教书，我要不成长，能行吗？于是，如何激发富裕家庭孩子的读书欲望，成了我努力思考并且付诸实践的课题；如何帮助被宠坏了的孩子重新养成良好的习惯，成了让我早晚绞尽脑汁的问题；如何走进那些城市"90后"孩子的内心世界，成了我在各类青少年图书中徘徊的理由。

总之，为了能够让自己有一个愉快的工作心境，为了能让那些孩子身上濒临绝迹的闪光点金光闪闪，以至覆盖全身，我除了成长别无选择。

怎么成长呢？我以为最有效的成长之道是：怀揣着爱和使命感去实践！这在很多人听来，或许有点儿高调。但我们始终要想通一个问题：一个没有使命感或者说崇高感的人，是不愿意去自我成长的。

打小我就是一个很有正念的人。不管看什么，我都能自觉地屏蔽负面的东西，然后从正面去看问题，从而形成正思维。成年后，这种思维模式仍然没有改变。所以，当很多人都对崇高、悲悯、使命等精神元素不屑一顾的时候，我能自觉地将其变成行动。我要强调一点，这不是表示我这个人品质有多么好，这跟品质无关，而与我的思维习惯有关。从小到大，我就是这样思考的。

在四川的农村学校我待了将近 18 年，从来没觉得自己是个乡村教师而委屈过，也从来没觉得乡村教师比城里的教师低一等，更没觉得处在农村就没有成长的机会。其实这一切，都取决于自己的思考模式和行为方式。

在农村学校，每天和那些淳朴中略带蒙昧、机灵中不乏憨傻的孩子打交道，我就会生出一种使命感：我要帮助这些孩子，不管是物质上，还是精神上，都要帮他们过一种他们父辈未曾有过的生活。

怎么去帮助？我得有帮助他们的本事啊！我要怎么做才能有本事呢？很简单，不断地、大量地、多角度地读书，然后学以致用，最后反思成文。如此循环往复，我的本事就见长了呀！

在海南，我首先面对的是学生，要解决的问题始终是教室里的问题。跟其他无关！我曾以"教育航海记"为题，把我在海南的教育生活真实地再现出来发在网上，引来网友惊呼一片。他们都为我担心，担心我一个从未出过远门的女人，带着年幼的儿子， hold 不住那些狡猾、调皮的学生，但我反而觉得刺激且富有挑战性。

我还记得一个叫尤玖（化名）的孩子，恶习成疾，被多所学校放弃，父母抱着"死马当活马医"的心态把他送到我们学校。其他班主任都明确表态不愿意接收这个孩子，最后他成了我的学生。

我和尤玖交手的第一回合，以他的完败告终。事情的起因是，因床位问题他与生活老师吵架，摆着一副自以为是、目空一切的架势。我走到尤玖面前，开门见山地说："尤玖，你要是不去那里住，就只能背着书包回家了。从此以后，没有哪所学校会要你！你别以为我不知道你的底细！你以前的种种行为，我摸得一清二楚！今天给你留个面子，不当众揭穿！"我的话还没说完，尤玖就张着一张大嘴，吃惊地望着我，那嚣张的气焰在老底即将被揭破时彻底熄灭了。

事后，我与尤玖在林荫道上交谈了很久，尤玖对我所说的无不点头称是。最后，他说了一句："老师，我觉得你与其他老师不一样！"

这只是我转化尤玖使用的众多招数中的一招。就像揉面团一样，经过不厌其烦地反复揉捏，我终于把尤玖这块面团揉"熟"了。学年结束时，尤玖高票当选"进步之星"。一个恶习满身的孩子、一个被多所学校放弃的孩子、一个令父母伤心欲绝的孩子，终于站在领奖台上，高高地举着荣誉证书，在闪光灯下露出喜悦的笑容。

尤玖在我的调教下，一年内脱胎换骨，由原来人见人厌的"坏学生"变成了"进步之星"。他在我的 QQ 好友印象里称我为"黑暗里的明灯"。我回四川的时候（因为一些不得已的原因，我的教育航海不得不返航），他跟我说："老师，您放心，我绝不会再变坏了，我要好好学习，有一天去四川找您。"

在海南，我实现了自己的梦想——我的第一本专著《治班有道——班主任智慧手册》于 2010 年出版，被列为全国中小学班主任培训用书。同时，我完成了身心的自我蜕变，再也不是以前那个没见过世面的小女人了，不论是对教学还是对教育，都有了自己的独特见解。

我始终这样认为：不到海南，我就不可能放纵自己去追逐梦想，也就不可能实现觉醒之后的自我成长，更不可能收获多姿多彩的教育人生。

迈向幸福——怀着赴约的心情进教室

2011 年 2 月 14 日，情人节，我辞别家人，被裹挟在春运大军的洪流里，再一次离开四川盆地，开启我的第二次教育旅行。这一次，我的目的地是深圳市光明中学。有朋友祝贺我说："钟老师，你现在终于成功了，苦尽甘来，不用那么辛苦了。"我淡然一笑说："我哪里是成功了？现在是一切归零了，一切都得重新开始，除了尽快成长，没有其他话好说。"

说实话，年届不惑了，还要到一个跟自己以往的工作环境以及生活环境完全不同的地方去，对我来说，无疑是一个巨大的考验。

首先是工作量比在四川多了一倍多，工作量增多对我来说不算什么，无非就是多干点儿事。但要从一个习惯了慢生活的人变成一个快节奏工作的人，这简直是要我老命一般痛苦。其次是孩子们的学习态度和学习能力简直没法跟我以前的学生比，要说学习态度差一点儿，我还可以想办法帮他们纠正过来，但是要提高他们的学习能力，却非短时间内可以奏效的。那么，是不是抱怨一通就算了呢？

出现问题固然是要分析的，但分析的目的不是推卸责任，而是找到原因，进而寻求解决问题的途径。当然，最主要的是要弄明白，我要拥有什么，才能改变现状。这就涉及自我成长的问题。

也就是说，我必须自我成长，才能解决我遭遇的具体问题。

在光明中学，我服从学校安排，先是在高一（5）班教了一周的语文课，接着，有了自己的班级——高一（7）班，后来取名叫作"乐美家族"。

这是一个特殊的班级，由 11 位音乐生、40 位美术生组成。这些孩子之所以选择读艺术班，并不是因为他们对艺术情有独钟，也并不是因为他们在艺术方面天赋异禀，而是因为学业成绩普遍较差，不得已而为之！

这样的重组班级往往面临着学习习惯差、价值观多元、人际关系复杂等诸多难题。如何才能快速地将其稳定下来，然后一路高歌猛进呢？

我在思考：班级不是不团结吗？那我就做调查，回顾以前的做法，上网查资料，阅读相关的书籍。这一系列自我成长的工作做下来后，我找到了如何把散沙一般的班级团结在一起的方法了。

首先，建立班级文化，让孩子们对自己的班级产生认同感；其次，大搞班级活动，让孩子们在活动中增进彼此的感情；再次，感情挂帅，把班级建成一个家，师生就是一家人；最后，把班级事务按人头设成岗位，做到人人有岗位，人人有事干。我把班级交给大家，每个人都变成班级的主人，他们还有什么心思搞分裂呢？

当然，最重要的一点是，班主任必须是班级的灵魂人物，他的思维模式、行为模式，直接影响着班级的走向。有崇高感、使命感、责任感，且努力地自我成长的班主任，一定具有吸引学生的人格魅力，这种教育资源才是最珍贵、最有用，并且可以让学生受益终生的源头活水。

孩子不是不爱学习吗？我就分析原因。想当初，哪个孩子不是忽闪着充满灵性的、清澈的眼睛，背着小书包，欢快地走进校园的？为何读了几年书后，竟然视书为仇敌呢？

深圳的孩子，可能算是物质条件最不匮乏的孩子。我听很多人都戏谑地说过一句话："10块钱对深圳的孩子来说，根本就不叫钱！"他们衣食无忧，学习条件比很多地方的孩子不知要好多少倍。按照马斯洛的需求层次论（生理上的需求、安全上的需求、情感和归属的需求、尊重的需求、自我实现的需求），深圳的孩子应该到了寻求"自我实现"的阶段。可是，有好大一部分孩子好像什么都不需要，他们只想吃饱了睡，睡饱了玩，玩腻了就发呆。为什么会出现这种现象？

简单地说，可能是物质的丰裕扼杀了孩子们改变的欲望。但是，我们不能因为丰裕的物质遏制了孩子的改变欲望就否定物质。事实上贫穷更可怕，它会令一个人的心灵扭曲。在玩乐和溺爱中长大的孩子，没有目标，也没有理想，更谈不上信念或者说信仰（中国本就是一个缺乏信仰的国度，很多的成年人都没有信仰，更何况孩子）。

怎么办？为他们搭建心灵家园，然后尽心尽力为他们种植理想啊！具体怎么操作则是一个很重要又很艰辛的课题。这是我在深圳必须面对的课题，也是我在自我成长的过程中必须解决的问题。既需要努力，也需要时间。

最终，我决意从情感挂帅、班委培养、规则引路三个方面入手，很快就hold住了"乐美家族"，将一个旁人眼中很糟糕的班级建设成了优秀班级。

情感挂帅。几十个来自不同家庭、不同班级的学生重新组合在一起，同学之间、师生之间完全是陌生的，大家都要经历一个试探、了解、理解、认可、接纳、喜欢的过程，而这个过程其实就是一个情感建立的过程。教育学生之前，应该和学生建立亲密的师生关系，如此教育才会有效。那么，班主任具体该怎么做？我的答案是：情感挂帅，暗中出兵！有专家说，情感挂帅只会让班主任变成昏君。这话不无道理，以情感治班，班主任的确有可能变成昏君。但如果没有情感呢？班主任很可能就会变成暴君。所以，接手新班时，班主任首先要情感挂帅，设身处地、感同身受地站在学生的立场上，把他们团结在自己的周围。

班委培养。一个班级如果没有班委团队，一则班主任会累得筋疲力尽，二则会呈现出无政府状态的乱象。这时，既可以咨询学生以前的班主任，找出得力干将优先任用，也可以根据自己的观察指派积极分子。总之，先把班级组织构建起来，即使班干部能力弱一点儿也没关系，后期还可以继续培养和筛选。管理团队出炉了，就意味着这个班级已经开始运转了。

规则引路。课堂是学生的学习阵地，也是德育工作的主阵地。所以课堂纪律一定要常抓不懈。怎么抓？要先拿出标准，再贯彻执行。以下是我给高一（7）班定的24条课堂"军规"。

1. 座次一经排定，未经允许，不可私自调换。

2. 上课时，依座次入座。

3. 上下课时，由班长或值日生叫"起立"，师生互相敬礼完毕方可上课或者出教室。

4. 听到老师点名，应回答"到"或"有"。

5. 出入教室不可争先恐后，要依次安静、从容地走出（进）去。

6. 上课时，未经老师允许，不得外出。

7. 听见上课的信号，应立即进教室。

8. 在教室内不奔跑，不发出无谓的声音，比如尖叫、大笑、高呼。

9. 做事安静，学习专心，课堂上不做本学科以外的事情。

10. 要发言，先举手。

11. 说话要清楚有层次，举动要谨慎而敏捷。

12. 离开座位时，要把椅子送进课桌下，不得拖出声音。

13. 上课的用品要带齐，作业要按时交。

14. 课桌面和课本要保持清洁，不得涂抹、损坏。

15. 因事要离开教室时，要先起立报告，得到教师的许可方可离开。

16. 纸屑、铅笔屑等要倒入垃圾桶，不可以隔空丢物。

17. 上课时不看与课本无关的书籍，不妨碍他人学习。

18. 遵守作息时间，不可以迟到、早退、旷课。

19. 分发笔记、试卷，由前向后或由后向前，依序传送。

20. 讲义或试卷如有破损或模糊不清，于全班发齐后再调换。

21. 收发试卷时，不借机发出无关的声音。

22. 上课时间不可以睡觉。如确实生病了，经医生诊断后回家休养。

23. 下课铃响后，老师没有发出下课的指令，不可以发出不满的声音，也不可以私自收拾书本离开教室。

24. 课堂上，老师没有发出讨论的指令，前后、左右座位的学生不可以说小话。

一个重组班级，并且还是艺术班，在不到两个月的时间，我就将它建设成了优秀班级。这是为什么？不是因为我的人格魅力，也不是我的个性使然，而是因为我的专业意识以及专业能力促使我科学、有序地去建设自己的班级。我特别欣赏这样一句话："教师这一行，最根本的良心不是教学之心，是关怀之心。"所以，我特别关注学生的内心世界，非常重视他们的精神成长。也正是这个原因，使我赢得了学生的尊重和喜欢。

写到这里，我说我是一个幸福的班主任，绝不是自欺欺人、自说自话。我确实感受到了为师的幸福与快乐，每天都怀着赴约的心情走进教室，迎接孩子们的到来，陪伴他们成长，包容他们的过失，给他们指点迷津……

解决了一个问题，又产生了新的问题，再解决新问题，我的日子就在这样的循环中姗姗而来，又姗姗而去。不过，我可以无憾地告诉大家，虽然我的人生在循环，但每一次的循环都是新的，都是充满期待的，就好像与情人约会，有不可言喻的美妙感觉！

我的读书、写作经历

至今我都丝毫不怀疑，我是通过阅读成长起来的。

我出生在一个知识极为贫乏的家庭。父亲参加工作之前是文盲；参加工作之后，进扫盲班恶补，凭着一本新华字典，可以写简单的家信。不过，很多字都是缺胳膊少腿。即便如此，我母亲还是能毫不费力地完全解读。母亲呢，据她说，小时候读书厉害得很，经常在村委大会上给村民读报纸，还能背很多条"毛主席语录"。实际上，她写的家信也只有我能解读，并且得拿出福尔摩斯破案的精神才能光荣地完成任务。

若问我家里是否有藏书，我还得说有——几本《毛主席语录》（可惜那个时候我不识货，没有珍藏好）。至于其他关乎文字的东西，几乎没有了。

我小时候特别顽劣，因为经常听到这样的话："敢于斗争，不怕牺牲！"牺牲都不怕了，还会怕斗争？所以我经常与同龄伙伴打架，甚至纠结成伙的人去打外村的弱势群体（个头和胆子都比我们小的伙伴），还打到人家家里去了，把人家柜子里的凉粉都端出来给吃了。说起来，土匪也不过如此。

我奶奶呢，虽然名字非常好听——陈泽玉，润泽剔透的玉，但这么好听的名字她却不会写。不会写也没关系，我奶奶的一生真的如润泽剔透的玉一般精细、玲珑。她最爱给我讲的故事，就是鬼故事。同样主题的鬼故事，她可以用不同的语言描述出来。现在回想起来，她当初还使用了各种修辞手法以及铺垫、伏笔、欲扬先抑等文学创作手法。唉，中国人就是高明，即便不读书，那些高深莫测的手法也能使用得畅通无阻。我学龄前的睡前时光，基本上是在奶奶重复了一千遍的鬼故事里度过的。

我外公读过私塾，识字颇多，但为人死板，脾气暴躁，所以，我看见他，就好比看见了阎王，只有躲的份儿。但有时，他也较为和蔼，那就是他栩栩如生地讲故事，而我躲在一旁听得出神的时候。不过，他每次都讲同样主题的故事——不肖子孙遭雷劈。他为什么要讲这样的故事？我开始不明白，后来逐渐懂得了其中的玄机——我大舅妈正和他吵架，而大舅帮妻不帮父。

如果这算阅读的话，应该是我的早期阅读——听读。

听到什么了？就是那绘声绘色的描述，把故事情节惟妙惟肖地展现在我的面前，让我着迷。想我现在善于描述，应是受到了这两位"高人"的指点。

上学了，终于见到书了——语文和数学课本，但仍然没有其他的书可读，老师又不喜欢讲故事。我的刁蛮粗俗之气非但未除，反而变本加厉，经常惹得老师跟我爸妈告状，结果我回家就是一顿打骂。现在想起来，我过硬的心理素质和极强的适应能力只怕也是在那时形成的。

直到小学四年级，一次偶然的机会，我到我二姨家去，我的表哥从床底拖出一个小木箱，揭开盖子，里面是满满一箱子的书。他问我："你想不想看？"我说："不想，我要修房子，踢毽子，哪有时间看书？"我表哥说："你先拿一本《聊斋叉子》去看，好看哦，里面都是妖魔鬼怪的故事。"我一听，很奇怪，说："我以为鬼故事是我奶奶编出来的，原来书上也有鬼故事啊？"我当时觉得我奶奶简直就是神人了，她一个字都不识，竟然还能说出书上才有的鬼故事。

我拿着表哥的《聊斋叉子》回家，没事就看，竟然入迷了。后来，我又到他家去要书看，他给了我一本《醉卧长安》，谁写的我记不得了，我只记得那是一本写李白坎坷一生的书。后来我学李白的诗，能够贴近他的内心，真切地体会到他的失意与痛苦，完全得益于我之前读过的《醉卧长安》这本书。

小学阶段，只能说，我知道了一个常识：除我阅读的课本外，还有许多别的书存在。但它们在哪里？我不知道，因为我没看见过。

读初中时，除了课本，好像也没见过有什么书，所以也没刻意去读什么书，脑子里只有一个意识：只要每次考试考出满意的成绩，我就是在认真读书了。

后来之所以有了读书的欲望，是因为一次偶然的逃学经历让我开了眼界。我的同桌讨厌英语老师，不想听他的课，而我呢，为了朋友也不想听英语课。于是，我们两人合计逃课。为避免班主任和家长发现我们逃课，不敢在外游荡（我那同桌的父母眼线众多，逃课极容易被发现），于是我的同桌带我到乡文化站，她出钱，我看连环画，两分钱一本。我还记得我看的第一本连环画是《蹉跎岁月》，接着是《被爱情遗忘的角落》，后来《三国演义》《红楼梦》《水浒传》《西游记》等，都进入了我的视野。我开始不满足于看连环画，要求看杂志了。可杂志的租金较高，我同桌有点儿吃不消了，两人终因租金的事意见不合停止了逃课。我始终都没搞明白：我们逃了那么久的课，英语老师怎么就没跟家长告发我们呢？而且他也没找过我们。后来自己做了老师，仍不明白英语老师的用意，本想找个机会问他理由，无奈等我们有机会回到母校重提这件事时，英语老师已经走了。唉，终究是个憾事。不过，有一件糗事是一定要提的。

由于逃课，心里对抗英语老师，所以他的课基本是不听的，并且还大言不惭地为自己找一些开脱的理由：不学 ABC，照样干革命！英语不及格，表示我爱国。结果期末考试，英语真的就不及格了——考了 18 分，我在同桌的怂恿下改成了 78 分，但并没有骗过我那大字不识几个的母亲，害我跪了半个晚上！若干年以后我问她是怎么发现的，她说她是数红钩钩数出来的！天哪！万事万物相生相克！你有对联，可她有门框！更悲惨的是，我由全班第 1 名下降到全班第 43 名！这个名次害我挨了母亲的黄荆条子。

自此，我再不逃学，开始喜欢上了读书。课余时间，我不再跟同学嬉笑打闹，而是坐在教室里安静地看书。那个时候开始流行琼瑶的小说，我几乎把琼瑶的小说读了个遍，然后又读金庸的武侠小说。或许就是因为我既读琼瑶，又读金庸，所以，我没有受到琼瑶爱情里那种卿卿我我的影响，相反，我的骨子里有一种潜在的豪侠之气。这大概也是我敢走出四川盆地，敢携子远走海南，敢独自一人闯深圳的根由所在。

读师范后，有更多的时间来读书了，并且也有书可读。那个时候，阅读已经成为我的生活习惯了。一天不读书，心中便不安宁。我的精神气质里，再也没有当年的野蛮粗俗了。

我记得我那个时候读了很多书，中国的、外国的都有，但真要让我说出个所以然来，竟然不记得了。或许，那些东西早已经内化成我的做人准则，或者是处事标准，或者是气质神韵了。

工作之后，因为要拿文凭，要提升自己，所以，又是考专科，又是读本科，虽然带着功利目的，竟也读了不少的书。尤其是中国文学，现当代的、古代的都读了不少，从中汲取了不少的精神营养。本科文凭到手后，好像追求也就到此为止了。于是很长一段时间没读书。

还是一次偶然机会，我接触到了教育类书籍，并且一发而不可收，不仅读了大量的书，还自己写书。

是什么偶然机会让我的教育人生发生了如此之大的转变呢？

2005年暑假，我与我们学校校长的夫人去锻炼身体，她说，她丈夫从成都教育书店买回来几本教育书，其中一本是《班主任兵法》，很有意思，里面有很多招儿，不过出发点都是好的，值得一看。

就是这个偶然机会，让我读到了万玮的《班主任兵法》，还有郑杰的《给教师的一百条新建议》。就是这两本书，使我改变了对教育类书籍的看法。我以前总认为教育类书籍深不可测、高不可攀，需仰视才可与之对接，需八斗高才方能读懂其中的重重迷雾。

读了万玮与郑杰的书之后，我的生命潜能好似突然被激发出来了一般，我开始大量地网购教育类书籍，像饥饿的人扑在面包上一般，贪婪地啃噬起来。

2006年，我在"班主任之友教育论坛"注册，开始写自己的教育人生。我想，读了那么多书，做了那么多事，应该把它们写出来，以飨同人和自己。私心想，如果能够出书，当我今后老而无用的时候，在我的孙子面前炫耀一下该是多么美妙的事啊！

于是我不停地写，也并没有中断读书。相反，因为想写出精彩的文章，我只有大量阅读，然后，把从书中学到的东西与自己的工作结合起来，尽最大努力做得精彩。我常说，要写得精彩，先要做得精彩！换一种说法，如果没有大量的阅读做积淀，又怎么可能做得精彩呢？所以我不得不说，写作、实践、阅读，三者缺一不可，只有三者结合起来，才能造就一个真正优秀的教师！

附：对我班主任专业发展影响颇深的 10 本书

如果要说对我班主任工作产生了一定影响的书的话，我以为应该是以下 10 本。

1.《班主任兵法》，万玮著，华东师范大学出版社 2005 年版。

这是我第一次接触的班主任工作书籍。一读，就迷上了。在没有读这本书以前，我对教育类书籍存在误解——认为它们深不可测、枯燥难解。可是，当我读这本书时，我被书中一个个独立的教育故事震撼了。

2.《问题学生诊疗手册》，王晓春著，华东师范大学出版社 2006 年版。

王老师的书，文字之中跳动着真诚，字里行间透射出教育的真相，所以读起来颇为过瘾。读这本书，解开了我对问题学生的迷惑，也让我学会了科学地界定问题学生、诊断问题学生和转化问题学生，从而形成了教育是科学的观点。

3.《非暴力沟通》，马歇尔·卢森堡著，阮胤华译，华夏出版社 2009 年版。

苏霍姆林斯基说，教育首先是人学。事实上，学校教育哪一件事不是围绕人来进行的呢？既然是与人打交道，那么就涉及一个沟通的问题。由此可知，班主任的沟通能力分外重要！可事实上，很多班主任与学生的沟通是不顺畅的。究其原因，就是沟通之中存在着暴力倾向。因此，班主任应该学习如何进行非暴力沟通。

4.《我的精神家园》，王小波著，中国人民大学出版社 2010 年版。

班主任是学生精神的引领者，所以，班主任自身的精神家园不可坍塌。作者王小波站在平民的视角，以其惯有的犀利的批判意识，为我们展示了一个纯粹的精神家园，给这个世界带来了一道闪电，照亮了许多人的心。身为班主任，应该好好阅读这本书，它会给我们很多的启示。

5.《藏在书包里的玫瑰——校园性问题访谈实录》，孙云晓、张引墨著，作家出版社 2014 年版。

这是中国第一部中学生性问题访谈实录，揭示了中学生隐秘而危险的一角——性的事实真相。它在记录中学生连滚带爬长大的经历时，附访谈手记、个案分析、应对建议、特别提醒、基本常识、重要链接等，为青春期男孩、女孩了解爱与性，避免不必要的伤害提供了帮助，也为老师了解、关爱、帮助自己的学生提供了参照。

6.《拯救男孩》，孙云晓、李文道、赵霞著，作家出版社2010年版。

男孩危机，无疑是当下教育最为堪忧的问题之一。读这本书的目的，在于了解男孩与女孩的区别，以及男孩存在的各种危机。班主任读了此书，一定能够理性地看待男生和女生的不同之处，以一颗宽容的心来等待男孩的成长。

7.《男人是野生动物，女人是筑巢动物》，曾子航著，新星出版社2009年版。

这是一本两性读物。或许很多人认为这本书既与教育理论不沾边，也与班主任工作无关，何必要读它呢？事实上，读这本书，可以让班主任更清楚地知道男性和女性的区别，从而将之运用到青春期孩子的教育上，帮助解决一些问题。

8.《向毛泽东学管理——中国离不开毛泽东》，李凯城著，当代中国出版社2010年版。

一个班级，往小了说，就如一个企业；往大了说，就像一个军队。既然是集体，就存在管理，如何管理呢？我以为向毛泽东学管理是非常有必要的。这本书旨在告诉大家，如何把毛泽东管理军队的思想用到管理企业上去，那么班主任把毛泽东的管理思想用到班级管理中去又有何不可呢？读这本书，你会有很多的收获。

9.《拆掉思维里的墙——原来我还可以这样活》，古典著，北方妇女儿童出版社2011年版。

一个人，不论你有多厉害，只要你的思维里高墙林立，就会阻碍你前进。我们常说"思维模式决定行为模式"，思维里有墙存在，又如何能把生命的姿态变成奔跑的姿势呢？读一读这本书吧，只要把思维里的墙拆掉了，你就会畅通无阻地前行！

10.《神雕侠侣》，金庸著，广州出版社 2008 年版。

我收藏了全套金庸的武侠小说，但我最喜欢读的还是他的《神雕侠侣》，除了为杨过与小龙女情比金坚而感动，更重要的是这部书本身就是鲜活生动的"后进生"转化教材，读来让人酣畅淋漓又不得不掩卷沉思：如果我遇到了杨过这样的学生，我该如何来对待他？

网上充电莫让网络迷了眼

当下，最为时髦和便捷的自我成长途径莫过于网络了。

许多新生代的名班主任都是通过网络而走红的。比如上海的万玮、河南的李迪、湖南的郑学志、广东的陈晓华、广西的黎志新……当然，我也不例外。

正是因为网络学习有如此好处，因此，网上便兴起了不少民间教育研讨团队。这些团队的老师来自全国各地，对教育都有着宗教般的热爱，自我成长的愿望非常强烈。可遗憾的是，岁月流转，很多老师的专业水平并未提高。这是为什么呢？我认为是网络迷了老师们的眼睛，令他们走进了自我成长的误区。那么，我们该如何避开这些误区，进而有效地上网充电，切实提高自身的专业水平呢？

一、纸质阅读是网络阅读的基础

网络的虚拟性和便利性让每个有条件上网的人都可以吐露自己的心声，发表自己的文字。既可以矫情，也可以煽情，甚至还可以滥情。不信，我们可以做一个实验。

在百度搜索栏搜"师爱"二字，随便点开一个相关网页，我就看到了一个很响亮的题目——"师爱的颂歌"。内容我是不打算再看了。有必要看吗？"师爱"本就是一个教育常识，根本无须解释或加以论证。我有时间一页一页点开去读，还不如把时间花在读弗洛姆的《爱的艺术》、亚米契斯的《爱的教育》、巴斯卡利亚的《爱的智慧》上。

可是，我们很多的老师，每天下班之后，不去逛街买菜，也不下厨做饭，更舍不得看电视、听音乐。他们就像纺织娘一样忙着上网东看西看，貌似很勤奋，实则学而不得。这是为什么呢？很简单，缺少纸质阅读。网络上的信息多如牛毛，并且鱼目混珠，良莠不齐，没有一定的专业修养，是无法做到"取其精华，去其糟粕"的。

因此，要想在网络上找到属于自己的东西，建构属于自己的平台，必须进行纸质阅读，具备一定的专业修养，然后才能正确进行取舍。想一想，一本书的出版，与一个网帖的发表，谁快谁慢？那么，质量呢，谁高谁低？不言而喻。我还记得我当初进入网络学习之前，已经阅读了万玮的《班主任兵法》、郑杰的《给教师的一百条新建议》、苏霍姆林斯基的《给教师的建议》以及大量的古今中外的文学名著，所以，我进入教育论坛一看帖子的内容，就知道哪些值得花时间读、哪些没有必要在上面浪费时间。

再说，纸质阅读的美妙、沉静，以及文字带给读者内心的撞击，是网络阅读无法比拟的。因此，要想在网络阅读中有所收获，最好是有纸质阅读的经验以及大量的、高质量的纸质阅读做基础。

二、用心经营好一个阵地

全面开花、广撒薄收，对某些具有特殊能力的人来说，或许可以做到，但人的精力始终是有限的。尤其是一线班主任，班级工作、教学任务已经把他压得喘不过气来了，哪里还有多少精力来广泛经营呢？

但有不少老师没有想通这个道理，一入网络，就好比游鱼入海，真是如鱼得水啊！今天，你看某位老师在这个团队说得滔滔不绝；明天，你看他在那个团队高谈阔论；后天，他又在另一个团队夸夸其谈。还有，几乎稍有人气的论坛，都可以看到他的足迹。他一会儿在这个帖子下面留一句言不由衷的赞美话，一会儿在那个帖子下面写一句无关痛痒的捧场话，但就是看不到他自己写出来的东西。

还记得我刚开始进入网络学习时，雄心勃勃，豪气干云，总觉得自己像一个无敌战神般可以在网络里腾挪闪避，叱咤风云。先是在"班主任之友教育论坛"注册开帖，接着又到"中国教师报论坛"注册开帖，然后又到"K12教育论坛"注册开帖，三个论坛忙得我分身乏术，我竟然还不满足，又到"教育在线"注册开帖，到"三槐居语文网"注册开帖，还开了两个博客——一个新浪博客，一个教师成长博客（现在叫"1+1教育网"）。

白天，我忙着班级建设、落实教学；晚上，回到家里，我饭不想做，孩子不想管，老公不想理，就一头扎在电脑前。先是逐一回帖，由于地盘太宽，光是回帖就要花去两三个小时，然后再回访，我的老天，五六个小时，悄然不知就溜掉了。而我自己，既没有好好地看一篇文章，也没有静静地写一篇文章。

很长一段时间，我就在这样不知所以的忙碌中疲惫得脑袋空空，不但专业水平没有日益提高，还因为没有目标和针对性地瞎忙，自己受累不说，还得罪了老公，忽略了孩子，损失真是大啊！

后来，我果断地进行了取舍。

网络上各种民间团队很多，但适合我的却不多，经过深思熟虑之后，我决定加入郑学志组建的"班主任工作半月谈"团队。每个星期一晚上7点半，是队员不见不散的时间。我们每周确定一个论题，然后进行深刻的讨论，最后每个人根据自己的理解做一份作业。不曾想，一年下来，收获颇丰，不仅自己的专业意识得到增强，专业水平也提高了，团队还出了一本书——《挑战班主任19项全能》。

网上教育论坛也如过江之鲫，各个论坛风气不一。我想了想，我不过是一个普通的一线班主任，理论修为不高，实践经验也谈不上丰富，需要的是大家的鼓励和认可，而不是各方神圣的指指点点。而"班主任之友教育论坛"风气比较纯净，"坛友"们也比较包容，于是我定下心来，在"班主任之友教育论坛"安营扎寨。不曾想，一旦把心定下来，状态就来了。2008年至2009年，我写的《教育航海记》不仅被湖北第二师范学院的熊华生主任当作网络教材培训在校大学生，我的第一部教育专著也由此诞生，书名是"治班有道——班主任智慧手册"。

至于经营博客，有没有这个必要？我觉得还是有必要的。我最初经营博客的动机是非常不纯的：一是把博客当作一个网络硬盘，用来储存我所写的文字；二是想通过博客认识一些名家，以此提高自己的声望。

事实上两个目的只实现了第一个，第二个成了泡影。因为我知道，没有真才实学，那些名家根本就不会理你。于是我很快就调整了自己的心态：不为功利，只为提高。于是，我像农夫经营自己的土地一样，细心地经营着自己的博客。我不会有事没事到别人的博客里去做客，更不会言不由衷地说一些博客式的赞美话。确实有些同行的博文写得好，我会认真细读，吸取精华，学以致用。如果不好，但很有上进心，我也会真诚地鼓励几句。

功夫不负有心人。虽然我不喜欢串门，并且我博客的人气也不旺，但我仍然得到了关注。

第一个关注我的是海南的邢益宝校长。他不仅邀请我们全家到海南岛游玩，还力劝我到他的学校体验生活。此后，我怀揣着梦想，从四川奔赴海南，这一路的教育经历以及收获，是我今生取之不竭的财富。

第二个关注我的是福建教育学者张文质先生。也许是因为底气不足，或者是因为自己不喜欢评价，我很少去别人的博客串门，偶尔到张文质先生的博客里去看看，也是只看不留言，悄悄去，悄悄回，不带走一片云彩，却带走不少思想。但即便如此，我的《教育西游记》主题帖仍在2010年获得"1+1教育网"评比的"十大教育优秀作品"称号，并且还位居榜首。这对我来说，不能不说是成长路上获得的极大肯定。

当然还有第三、第四个关注我的教育能人乃至名人，受篇幅所限，不再赘言。我特别要强调的一点是，在网络上充电，一定要排除各种诱惑和干扰，安心地、静静地充，否则，东一榔头，西一棍子，看起来热闹，实则毫无所得。

三、心态平和是成长的重要因素

看到这句话，有的老师也许会说：你当然可以这样说啦，因为你已经成名了。可不管成不成名，我都要这样说，因为这是我一贯的心态。如果我们学习仅仅是为了成名，那何必要学习呢？当下靠炒作成名的人还少吗？

我们身为教师，学习的目的应该是提高自己，是把教室里的事做好，是为孩子们的生命奠基。把这些做好后，顺带追求一下自己的职业幸福感，仅此而已。

在网络里摸爬滚打几年之后，我发现一些老师把上网学习的真实意图搞丢了，这也是造成他们无法提高能力的真正原因。

我看到很多老师痴迷于在网络上混时间，一会儿跟这个打招呼，一会儿跟那个套近乎，好像他们到网上来的目的就是广交天下朋友似的。事实上，我们有必要把时间花在这个上面吗？不论你认识的同行朋友有多少，最终解决问题还是得靠自己啊！有次李镇西老师跟我聊天，他说，他很害怕打开他的邮箱，为什么呢？因为有无数的"怎么办"在等着他，令他焦头烂额。他说，他最怕网友问他为什么、怎么办。他怎么知道怎么办呢！网友所在的学校又不是他的学校，网友的那些学生又不是他的学生，他能用的方法只能用在他的学生身上，用在网友的学生身上未必有效啊！对于李老师的话我深有同感，因为我也经常碰到类似的可以把我问蒙的问题。

还有一些年轻老师，热衷于包装自己，更热衷于推销自己。张爱玲说过一句话——成名要趁早。这句话对娱乐界的人来说或许有一定道理，但对于教师来说，没有多大道理。身为教师，如果把学习、提升当作成名的手段，我以为根本就出不了名。真正的名家都是静守自己的心灵家园，恬淡、安静地学习、反思，然后任劳任怨地实践。尤其是教育，面对的是人，而人，是千姿百态的。每送走一批人，我们的教育就会回到原点，所以说，教育，始终是一个全新的东西。教师要想做得如鱼得水，每天都要不厌其烦地学习。也就是说，学习，是教师的生活常态。而网络学习，是最快捷、最节省时间成本的学习模式，只是，老师们在学习的时候，一定要注重方式方法，调整好心态，踏踏实实地学习，稳稳当当地进步，莫被网络迷花了眼！

六个带班阶段带给我的转变

我1991年参加工作，至今已经25年了。在这25年里，我一直做着班主任工作，乐此不疲，无怨无悔。掰指细数，完整的（带了三年的）、不完整的，我一共带了12个班。就是这12个班级，极大地影响了我，促进了我的专业成长，打造出了我独特的带班风格。

从我的带班经历来看，我觉得除了班主任本身的性格会影响带班风格外，更多的还是不同班级的打磨使得每个班主任不断地成长，进而形成自己独特的带班风格。就我来说，形成自己独有的风格特色，经历了以下六个阶段。

第一阶段（1991—1993）：玩乐带班凭感觉

1991年，我从师范学校毕业，心不甘情不愿地走向三尺讲台。学校安排我担任初中二年级的语文教学兼班主任工作。我既没有初为人师的喜悦与激动，也没有那种"人类灵魂工程师"的自豪与崇高感，更没有那种坚守讲台、唤醒灵魂、成就自我的雄心与壮志，有的只是对环境的抱怨、对工作的懈怠、对领导的不满、对学生的厌烦、对命运的不甘……总之，我觉得我是天底下最倒霉的人。为什么呢？因为我压根儿就不想当老师！

从小到大，我的心里都装着两个梦想：自由撰稿人和服装设计师。我勤奋刻苦、一门心思地想考大学，都是为了实现这两个梦想。可是，中考填报志愿的时候，我的父母和老师没有经过我的同意，擅自给我填报了中等师范学校。

虽然我以师范类全县第一名的成绩进入了师范学校，但心中并没有半点儿喜悦之情。之所以在极不情愿的情况下还努力地学习，并不是想学好本领以便将来做一个优秀的教师，而是谋划着为今后改行添加筹码。

尽管我不愿意做教师，但最终我还是没能逃脱做教师的命运。带着不甘的心态走进教室，是绝不可能营造出温馨、和谐的师生关系的。我还记得有一次上课，我恹恹地对学生说："把练习作业拿出来，今天咱们评讲作业。"刚说完，就有一个叫小凯的男生搭腔了："讲嘛，不讲白不讲，讲了当没讲。"我本来对当教师就心怀不满，一直想找个出气筒发泄一下，正好这个孩子撞上来了，不找他找谁呢？于是我从讲台上走到小凯旁边，干脆利落地两巴掌打过去，生硬地对他说："不打白不打，打了当没打！"小凯一脸惊恐，捂着脸，低着头，不敢吱声，其他学生大气也不敢出。从此，但凡上我的课，教室里没有一点儿声音，那种寂静让我和所有的学生都感到压抑和不安。

如果不是那个菊花飘香的季节，我想，我的教育人生一定是充满黑暗和恐惧的，这辈子也不可能成为一名优秀的班主任，更不可能在班主任工作领域享有一定的知名度。

天，冷了；云，淡了；太阳，暗了；遍地的菊花，开了。

校园周围、田野里、山崖上，到处都是金黄色的野菊花。淡淡的菊香浸入我的鼻腔，渗入我的心脾，穿行在我的五脏六腑。也许是这遍地的菊花，以及空气里甚至尘埃里的菊香使得我的心情好了许多，我开始对学生有了一丝笑意。

我吝啬的给予竟让学生看出来了。

那天我同以往一样倦倦地去上课，刚走到门口就嗅到一股淡淡的菊香。我以为是空气里的菊香，哪知我一走进教室，赫然看到讲台上有一大瓶金灿灿的野菊花，那些菊花肆无忌惮地开着，无所顾忌地释放着它们的幽香，学生们都笑盈盈地望着我，我的倦怠感一下子被这一切冲走了。我的眼睛有点儿发潮，好久都没有这种感觉了，我以为我都不会有这种感觉了。

当天下午，小凯躲躲闪闪地来到办公室，嗫嚅了好一阵才说出口："老师，星期六我们约您去采野菊花，您去不去？"我随意地说："那就去吧。"见我应了，他满心欢喜地蹦跳着回了教室。

星期六一大早，我还在床上睡觉，小凯就和几个同学来找我了。我本来想不去，随后一想出去散散心也好。

尽管小凯的个子比我高大，但他还是孩子气十足，一边走，一边和其他同学打闹，或者在路边捉一些小昆虫让我看。我问小凯有多大了，他自豪地对我说："我17岁了！我妈说我是大人了，要宽宏大量，不要记仇，要帮助别人。"我心里顿时涌起一种罪恶感，他只比我小两岁，却挨了我的打，挨了打还想着要宽宏大量，不记仇。我又问小凯怎么取这样一个名字。他兴致颇浓地给我解释："我出生的时候，梅花正开得欢，我又姓梅，我爷爷说就取'梅正开'吧，可我妈说这个名字太女气，就改成了'梅政凯'。"

小凯热切地对我说："老师，我要采很多野菊花回去，把它晒干，拿些给您泡茶喝，另一些装在枕头里，我妈说喝了这个茶对嗓子好，睡了这种枕头对眼睛有好处。老师，您是近视眼，正好可以医您的眼睛。"我的眼睛又湿润了。

回到学校，我静静地坐着，沉寂在空气里，整个心间充塞着菊香。我不想思考，不想追寻，不想移动，只是沉浸在这种淡淡的菊香里。我想这种香味可以疗好我所有的创伤，会使我得到重生。

自那以后，我不再自怨自艾，也不再牢骚满腹，每天除了认真上课，就是和学生玩，与他们一起跳绳、修房子、躲猫猫，甚至在校园里追逐打闹。春天，我和学生一起到田野里挖野菜，到油菜田里捉迷藏；夏天，和学生到河沟的青木树下拾菌子；秋天，则到山野里采集那黄灿灿的野菊花；冬天，则和孩子们一起奔跑御寒。我们就像一群快乐的鸟，整日飞来飞去。

说句老实话，我那个时候根本不懂得如何规范、有序地去开展班级管理工作，更谈不上专业化地去诊断班级里的问题学生，更多的是随心所欲从自己的感觉出发管理班级。由于学生的年龄跟我的年龄相差不大，我大多数时间都是在和他们玩，甚至有时还玩得吃住都在学生家里。不曾想，两年下来，这个班不但没有出现任何问题，中考的时候还考出了理想的成绩。事后校长跟我说："我当初一眼就看出你并非真心当老师，所以分个差班给你，带好了，功德无量；带不好，也无所谓。哪知这两年你像个疯丫头一样跟学生疯玩，竟然还把一个差班玩成了好班，还考出了我们做梦都没想到的成绩。"

后来我一直在想，之所以我现在能童心不老，能宽容大度，能和学生顺畅地沟通且打成一片，应该是因为那淡淡的菊香温润了我的灵魂，那旷野的追逐嬉闹滋养了我的童心，学生的淳朴和真诚孕育了我的宽容，毫不设防的师生交往教会了我如何换位思考，如何真诚地走进学生的内心。

说到底，我成长的真正推手，应该是我的学生。我能取得今天这样的成绩，是我的学生教育和成就的。

第二阶段（1993—1997）：恩威并施初告捷

1993 年，我被调到了我丈夫所在的学校。但让人难过的是，分班的时候，另外一个班主任欺生，把原来分给我的优生调换了。如果说这算是一种欺负，那么接下来发生的一件事在我看来则是一种羞辱。

一个女生被分到我班上，已经坐在教室里读了两三天，可她的哥哥硬是跑到学校大吵大闹，要求换班，理由就是我是一个新来的老师，教学经验不够丰富，不能拿他的妹妹做试验品。尽管学校领导出面调停，但他无论如何都要让他妹妹换班，否则就要转学到其他学校。学校领导也没有办法，只好把这个女生给换到另外一个班级去了。

这件事对我的刺激很大。我发誓一定要带一个优秀的班级出来，不能让我的领导、同事以及学生家长小看我。

虽然我鼓足了大干一番的勇气，但当走进教室面对我那一帮学生的时候，我还是深深地失望了。由于分班的时候，优秀学生都被换走了，剩下的不是"捣蛋鬼"，就是"惹祸精"。面对这样的学生，我想，我如果再像以前那样跟他们疯玩，只怕最后就要"玩火自焚"了。怎么办？俗话说"看客下菜碟"。既然我的学生惹是生非的多，那么我也就没有必要跟他们客气了，先给他们一个下马威，抖抖我的威风再说。

于是，我制定了严格的惩罚措施。比如，迟到，除了放学补课之外，还要罚跑操场或者罚扫地；不按时按质完成作业，就要做双倍的作业等。由于制度严苛，又能执行到底，再加上我性情率直，说一不二，行事雷厉风行，凡事亲力亲为，学生的那些小动作、鬼把戏，没有一样逃得了我的法眼，因此，学生特别怕我，不得不按照我的要求去做。

1996年6月中考，这个班一举夺魁，考出了全区综合评估第一的好成绩。

同年8月，校长找到我，说我带班能力强，尤其是带差班很有一套办法，所以安排我再带一届初三。我当时已经怀孕，学校分给我的又是一个差班，所以执意推辞。可校长赖在我家里不走，跟我诉苦，说要是我不接手的话，就要流失很多优质生源，会影响学校的发展。无奈，我只得"挺儿走险"。

因为班上调皮学生多，所以，我照样重手出击，强悍管理。即便是挺着个大肚子，我对学生的管理也毫不放松，对他们的违规行为也绝不手软。

1997年中考，这个班级再创中考辉煌。当我端着庆功酒杯穿梭在祝贺的人群中时，我并没有得意忘形，脑子里始终在问自己：我为什么取得了成功呢？仅仅是因为我的坚持到底吗？仅仅是因为我的强悍管理吗？

我承认，我对学生要求很严格，但我的严格又并非没有尺度，也并非无情。我就像一个大姐姐一样对他们呵护备至，不仅在学生面前抖出了我的威风，更重要的是，每个学生都得到了我细致周到的照顾，这也是若干年后学生始终铭记我、感激我的原因所在。

那个时候，农村学校条件非常艰苦。学校住宿条件很差，连一架像样的床都没有。每个学期开学时，学生都要从自己家里带来木棒、竹竿、稻草来铺床。我不仅要帮学生铺床，还要帮他们缝被子。学校饮水条件也很差，虽然安装了自来水管，但经常停水。学生没有水蒸饭，我就给他们挑水。孩子们的饭没蒸熟，我二话不说，就升火为他们做饭。学生上学途中淋了雨，我会及时找来衣服为他们换上，或者用电吹风帮他们把淋湿的地方吹干。夏天，我每天都会熬两大锅清热解暑的中药水供孩子们喝；冬天，我为孩子们织毛衣、刻试卷，手脚生满了一串串葡萄似的冻疮，又痛又痒。哪怕是我怀孕期间，除了不挑水之外，我对学生都是照顾有加。我的预产期是1月20日，19日还在上班，连领导都看不过去了，说："你就休息了吧，眼看就要生了，别操心了。"

我以为这些付出只有我自己知道。哪知十年后同学聚会时，学生们嘴里说的，没有一句是我在课堂上教给他们的语文知识，也没有一句是我批评他们甚至体罚他们的话，他们津津乐道的是我对他们的好。他们还感慨万千地说，这辈子遇到我这样的老师真是有幸。甚至还有学生不无担心地说："不知道我的孩子能不能遇到像钟老师这样又细心又负责的好老师啊！"

这就是学生，老师对他的伤害，若干年之后，他都忘记了，而老师对他的哪怕是一丁点儿的好，他都铭记在心。

以我现在的带班理念来审视这个阶段的班主任工作，我都不好意思提，甚至都会嗤之以鼻。我时常庆幸当初遇到的学生都是一些心理健康且秉性纯良的孩子，所以，我那恩德不足、威严有余的带班风格才没有为我招来麻烦。

第三阶段（1997—2002）：温情带班生爱心

由于1996、1997连续两年中考我带的班级都取得了不错的成绩。1997年9月，我被组织调到镇中学。

在镇中学，我带了两届学生。这个阶段，我做了母亲。以前那种麻辣、尖锐的作风都随着孩子的牙牙学语不见了，取而代之的则是温情脉脉。以前看到学生，多是恨铁不成钢的心情；做了母亲之后，看到学生则多了一份怜惜和喜爱。

我还记得我带的99届，由于是中途接班，所以孩子们刚开始有点儿排斥我。面对孩子们的怀疑与敌视，我竟然没有一点儿火气，而是默默地身体力行地为孩子们做各种事情；在言语表达方面，我也一改以往的犀利，不管学生如何对我，我都温和地与之交流。半个学期下来，每个学生都真心地接纳了我。

为了让他们安心地学习，我为他们解决了后勤上的后顾之忧。比如，每天早晨早早起床为住宿学生煮鸡蛋，中午我都会烧几锅开水凉着，下午提到教室为孩子们清热解暑。班里有十多个住宿学生，他们离家远，生活条件差，经常下了晚修还舍不得回宿舍休息，看着他们勤奋而疲惫的身影，我真心疼啊！于是我就准备一些面点，拿到他们的宿舍，让他们加点儿餐，垫垫肚子好睡觉。十多年过去了，那些曾经在晚上吃过我的加餐面点的孩子，始终不忘我对他们的好。有一个孩子曾经对我说："老师啊，工作之后，我也到了很多地方，吃了不少美食，但我始终觉得你做的蒸饺是最好吃的。"

我每天做的，就是热情友好地与孩子们相处，设身处地地为他们着想，宽容地等待着他们成长，然后就是明确地告诉他们我有梦想，每天都在追逐梦想，不只是口头上说说我的梦想，我还把自己的生命姿态变成了奔跑的姿势。不论是在教室，还是在办公室，我的学生都能看到我孜孜不倦学习的身影。也就是在这几年时间里，我读完了大学本科课程，拿到了汉语言文学教育专业的本科文凭。

我始终认为，光有爱心是不够的，爱心装在心里学生看不见，挂在嘴上靠不住，学生真正需要的是老师在行动上表现出来的爱心。比如，学生失败了，一个鼓励的眼神；学生受委屈了，一句安慰的话；学生犯错了，一句理解贴心的话；学生生活物资短缺了，毫不吝啬地帮助；学生在成长的过程中遭遇困惑了，真诚地走进他们的内心去倾听他们心灵发出的颤音。

我始终认为，一个真正有爱的老师，是要自觉地努力地去学习爱的艺术，掌握爱的秘诀的，然后，把师爱做到极致。这样，教育就会走向极致。否则，教育的效果将会与我们的预期目标背道而驰。

回想这段时间，它应该是我教育生涯中颇为顺手与得意的时期。

我真切地认识到：把师爱做到极致，教育才会走到极致。

第四阶段（2002—2008）：民主带班出奇效

这个阶段，是我教育理念的质变时期。由于大量地接触教育类书籍，我学会了反思。反思的结果是，虽然我以前带班小有成就，但那只能算是我的运气好，或者说是我的性格因素起了重要作用，其实并未走进教育的本质。

这一反思让我大大吓了一跳，以前的沾沾自喜、狂妄自大、所谓成就，其实都是井底之蛙的自我鸣唱罢了。

于是我决定在治班之道里糅进民主的元素。正如李镇西老师所说，我们要为未来社会培养合格的公民。那么什么是合格的公民？一味顺从、盲目听从的孩子，是合格的公民吗？如果我的学生都成了这样的顺民，那么，我兢兢业业做一辈子教育，岂不是在用一颗善良的心干害人的事吗？

那么如何在治班之道里糅进民主的元素呢？我告诉学生"民主"是什么，为什么要在班级管理中实施民主管理，并告诉他们从现在开始，我要把班级还给大家，凡事我们都商量着办，既不由我一个人说了算，也不由某一个班干部说了算。

孩子们兴奋得欢呼起来。看来，他们受我的专制统治实在是太压抑了，早就有了"造反"的心理了。

既然要搞民主管理，那么班主任就要把民主思想深深地扎在脑子里，不能嘴巴上说民主，实际上搞的还是专制，那样学生就会认为你这是假民主，反而会降低班主任在学生中的威信。

还记得有一次班里有个叫小明的学生与外班同学打架。我很生气，抓住他就是一顿疾言厉色的训斥，然后就叫他请家长。谁知这个学生说，请家长的事还要经过班委会讨论才能决定。我一听气不打一处来，厉声说道："我是老师还是你是老师？惹是生非，打架斗殴，性质这么恶劣，还需要班委会讨论？我说了算，下午就给我把家长叫来！"小明看我语言凌厉、态度生硬，不敢跟我顶嘴，唯唯诺诺地说下午就把家长叫来。

中午的时候，班长来找我，说："老师，您自己说的实施民主管理，凡事都要商量讨论。小明打架是不对，但您没去调查事情的真相，又没交班委会讨论，就擅自做主了，这好像不叫民主哦。"我一听，觉得有理，惭愧地说道："我也是气急了，那你说说看小明打架的内情是什么。"

班长说："小明谁都没惹，就在寝室里和大家聊天，三班有个外号叫'花豹'的学生走到寝室里，说看不惯小明的样子，抬手就给了小明一耳光，小明在大庭广众之下莫名其妙地挨了一耳光，尊严受到沉重打击，所以才还手的。我们都觉得，一个男人应该为维护自己的尊严而勇敢还击。"

听班长说完，我陷入了沉思：是啊，情绪化的表达、不问真相的判断、专横霸道的思维模式，怎么会不让我陷进假民主的怪圈呢？

事后，我在班上跟孩子们道歉，说我缺乏真正的民主思想，需要重新补课，也需要大家监督以及真诚地帮助。说完，我自嘲道："我培养你们的民主意识，现在你们统统找我要民主，我可是把自己拉上断头台咯！"孩子们嘿嘿笑道："那是哦，您要是不民主，我们就要反抗哦！"有个孩子马上接嘴道："哪里有压迫，哪里就有反抗！"

在班级管理中糅进民主的元素，特别能培养一个老师的耐心。因为一切都要尊重大家的意见，而班级里又有那么多个性迥异的孩子，所以要有极大的耐心去等待他们。现在，我很多同事都会不解地问我："你怎么有那么好的耐心啊？真是少见啊！"是的，我的耐心确实很好，不管学生犯了多大的错，给班级造成了多大的损失，我都只会平静地告诉学生，我很愤怒，我很难过，我很伤心，我很失望，但我不会火冒三丈。接下来，我会和学生一起分析我们失误或者失败的原因，然后，站起来，抹干眼泪，收起悲伤，重新往前冲。我的童心、细心、爱心、耐心以及坚持心，这一切，都是我的学生、我的班级赐予我的。

第五阶段（2008—2011）：科研带班寻真相

这三年时间，是我教育生涯中最为动荡的三年，同时，也是我最逼近教育真相的三年。可以这样说，在这三年时间，我已经由一个教书匠蜕变为一个为追逐教育理想而孜孜不倦的教育行者。三年的时间，我在三个地方带了三个不同的班级，获益无穷。

这个阶段的我，已经不是以前那个靠感觉、靠耍手段治班的我了。我已经能用科研的眼光来看待我的学生、用科研的思想来管理我的班级了。学生犯错了，我不再像以前那样迫不及待地问"怎么办"，而是冷静地寻找"为什么"。不论班里出现什么问题，我都会去思考：为什么会出现这样的问题，原因在哪里呢？我不停地追问，不停地去寻求真相，坚持不懈地朝教育的真相漫溯。由于有了这样的思想，很多看起来匪夷所思或者难以解决的问题都得到了彻底解决。

当初我把带"奋进班"的教育故事挂在论坛上，很多朋友都为我捏了一把汗，担心我一个弱女子怎么对付得了一群调皮大王。事实证明，我不仅"对付"得了那群调皮蛋，还把他们"收拾"得服服帖帖。我离开海南的时候，孩子们哭得一塌糊涂。

在海南待了一年多后，我回到了四川，中途接手了一个被称为"烂班"的班级。我先着手班委团队的建设，接着是班级文化的建设，再接着是推行自主化管理。这一连串的动作做下来，班级面貌与之前已不可同日而语，班级风气由原来的"软、懒、散"变成了积极进取。待到班级大局已定，我就揪住一些小问题开始探索，一年下来，光是反思记录就有50多万字。其中关于学生小林的个案记录有近15万字。这些文字无不记录着我的带班理念——科研带班。

我坦然接受孩子们暴露出来的所有问题，然后分析原因，找到原因之后，就开始对症下药。

由于在带班的理念里糅进了科研的元素，所以我看待问题就变得客观和理性起来。每出现一个问题，我都感到欣喜，为什么呢？为我自己欣喜，因为我找到了研究的切入点；也为学生高兴，因为犯错就意味着成长。或许是因为我的认知态度变了，行为模式以及话语表达方式也发生了变化。在我改变之后，我惊讶地发现，我的学生也改变了。很多在别的老师看来非常头疼的学生，在我的班级里就不那么让人头疼了。

第六阶段（2011— ）：整合带班得幸福

经历了不同阶段的历练，加上自己的不断成长，我现在带班，可谓是驾轻就熟，并且深深地体会到了职业的幸福感。

我现在与孩子们是合伙人的关系，我们一起建设班级团队，一起打造属于自己的班级文化。尤其是持续不断的"养心课程"的开发，不仅治住了孩子们的浮躁之气，更让他们受到了美的熏陶。我还在班里做了"男、女生成长系列课程"，引爆了孩子们内心的生命小宇宙，进而让他们习得了自我教育的能力。同时，我还把电影院搬进了班级，与孩子们一起做起了电影课程，不仅使他们从中获得了美的享受，更让他们提高了审美的能力，最重要的是，通过电影这个载体，将那些充满正能量的价值观如春风化雨般植入了孩子们的心田。

总之，我现在是一位轻松快乐的老班，这一切，其实都是因为我在不断地成长，不仅是作为一个人在成长，更是作为一个教师在专业成长！

从"管"到"变"的观念转化

我的教育理念经历了两个字的转换，即从"管"转变为"变"。

一、"管"字当头的失败者

曾经，我也是一个"管"字当头的班主任，认为无论带什么样的班级，只要把学生"管"住了，就是一个成功的班主任。为了将学生牢牢管住，我不得不对自己进行"全副武装"——"黑脸包公"配着"打狗棍"，外加一副火爆脾气。我就像灭绝师太一样，打着"正义"的幌子，咬牙切齿地要将所有的"邪恶"赶尽杀绝。这样做的结果是班级表面平静了，学生看起来也温顺了，但我却突然感觉心力交瘁、心灰意冷，差点儿转做他行了。

由于我"强悍"的个性以及超强的控制力和执行力，我所带的班级不论何时，看起来都是风平浪静。学生只要看到我的影子，都会吓得躲避、逃窜。有两个经典片段让我至今既惭愧又后悔。

某天下课，学生在走廊上嬉闹，笑声传到了隔壁的办公室，我闻声而出。学生看见我从办公室出来，吓得赶紧往教室里钻。我面无表情，背着双手朝教室走去。其中一个学生由于背对着我，在同伴们逃窜的时候还不知道是什么情况，等到同伴们作鸟兽散后，转身，一眼看见了我，便急忙往教室冲去，却"咚"的一声撞到了门框上，额头上顿时多了个拇指大的"鹅卵石"。他捂住额头，两眼泪汪汪的，却不敢吭一声，委屈、绝望、无助地看着我，其他学生也傻了一般，不知所措地望着我……

学生对我的恐惧并没有让我有一丝成就感，相反，每每想起他们的眼神，我的心灵就会饱受炮烙之刑。烙在心底的愧疚痕迹，我一辈子都擦不掉。

还有一次，我吃过午饭，信步朝男生宿舍走去。走到距离男生宿舍大概 50 米的地方，我看到我班男生在宿舍门口头挨着头围成一团。我好奇地大喊一声："你们在干什么？"他们听到声音纷纷扭头，一看是我，吓得四处逃窜。其中一个男生穿着一双泡沫凉鞋，没了扣绊，再加脚底有汗，跑得又急，失去了平衡，"哐当"一声，摔了个"狗啃泥"。我把他扶起来，训斥道："狗抢屎啊？跑那么快！"他没有辩解，快快而去。

其实，我所带的班级一直都受到了校领导的首肯。因为学生的成绩好，无论怎么考，都在年级前列。而且，学生不闹事。无论何时你去看，学生都是规规矩矩、正襟危坐的状态。所以，每次开校会，我和我的班级都是被校领导表扬的对象。

但是，我心里很清楚，"管"字当头的教育理念让我成了一个失败者。扪心自问，与自己朝夕相处的孩子，每每看到我，就像看到猛虎一般害怕，"苛政猛于虎"，这是怎样的一种师生关系？一个让学生畏惧得不敢对视的老师，无论取得多大的成就，始终都是一个失败者。

二、"变"字带来的惊喜

后来，我做了母亲，心也柔软了很多。看着自己的孩子，我会想起以前那些见我如见猛虎的学生，心里就开始难受，责备自己，否定自己，甚至对以前的自己产生了很强的怨恨感。之后很长一段时间，我不断反思，开始读书，试着用真心爱我的学生，换位思考去理解和接纳我的学生。

没想到，我的转变，让我收获了教育人生的两大惊喜：一是 2005 年，我带的班级在中考时考出了我所在学校建校以来的最好成绩，我也因此评上了中学语文高级教师职称；二是我的学生给了我很高的评价，我在他们心中，是最优秀的班主任，是他们此生最难忘怀的"亲人"。

教师要改变不堪的教育现状，首先要转变心态，其次是转变教育理念，最后是转变教育行为。

说来惭愧，我并不是因为热爱教育才选择教师这个职业，而是在家人和老师的"鼓励"下，为了摆脱农民身份才心不甘情不愿地做了教师。因为主观上的被动，所以当我毕业后被分配到一个鸟不拉屎的偏僻村落时，心寒如冰。那个时候，我只有一个念头——混！混天过日子，过一天算一天。不用说，带着这样的心态是做不好教育的。学生和我，表面上是分离的，感情上是疏离的；家长和我，要么没有交流，要么就是对立。

后来，是一个学生"救"了我。他让我开始重新审视自己，开始接纳和热爱自己的学生。我的教育心态由混日子变成了诗意地栖居。现在，我每天都怀着赴约的心情走进教室，把学生当作我的知心爱人，而我也从中获得了常人难以体味的快乐。

我的教育理念的转变，得益于我的勤读不倦。最初，我对教育的看法是非常肤浅的，我没有认真思考过什么是教育。后来，书读得多了，眼界开阔了，开始思考教育的含义。尤其是苏霍姆林斯基的书，让我如醍醐灌顶。我非常认可他的观点——教育首先是一种人学。既然教育是一种人学，那么教育的一切就要从人出发，以人为本，分析人，关注人，发展人。总之，教育者所从事的工作都要与人的健康成长有关。有了这样的理解后，我做事情时会思考：这样做，对孩子的终身发展有好处吗？能不能给学生带来可持续发展？如果对学生的成长不利，哪怕冒着被别人误解，甚至被学校领导、同事边缘化的危险，我也不会做。相反，如果对学生的成长有利，我会千方百计地去做，并且努力做到最好。

教育理念的转变自然而然地改变了我的教育行为。比如，以前进教室，一看到学生说笑嬉闹，我就会很烦躁，恶狠狠地吼道："吵吵吵！吵个没完没了，烦不烦啊！"可是现在，我走进教室时，若看到学生说笑嬉闹会非常享受，因为感觉到学生的生命在我面前拔节生长，那是生命向上生长的声音。在充分感受了学生自由的快乐后，我会做个暂停的手势，微笑着说："亲爱的孩子们，请把动态变成静态。"教室里顿时鸦雀无声，留在学生脸上的是理解的微笑。

以前，学生违纪时，我常用动之以情、晓之以理的说教方式去感动他们，使他们从此洗心革面。可说教并不是每次都管用，有时说多了，学生会很抵触，违纪的次数也会更多。有时我心里一着急，把控不住，就会说一些影响师生关系的话，甚至还会体罚学生，给班级管理带来麻烦。有些学生觉得委屈，还会拒绝上我的课，甚至故意将我所教的学科考得很差，给我"好看"。改变后的我，面对学生犯的错误，不会像以前那样心急如焚，而是理性地分析学生犯错的前因后果，找到犯错的症结所在。通过分析，我发现有时学生犯的某些错误，不但不会让他们变坏，反而还能促使他们更好地成长。有一次，班里许多学生都没有完成作业，这本是件令人生气的事。可我调查之后得知，并不是学生不愿意做作业，而是教师布置作业时忽略了学情，如果学生一定要完成那些作业，只能乱写一通，不仅会浪费大量的时间，也使其他科目的作业无法完成，所以他们做了这样的选择。我以为这种因有主见、有思想而犯的错误不仅不会让学生变差，反而会让他们变得更加优秀。对于这类错误，我采取忽略的态度，然后与科任老师沟通，让他们尽可能根据学情布置作业。

我在处理一些小的违纪行为时，也比以前更有技巧，更有艺术，不仅省力，而且有奇效。有些学生总爱在课堂上小声说话，这种违纪行为，说大不大，说小也不小，如果教师忽略不管，学生就会肆无忌惮，小违纪可能就会变成大干扰。如果小题大做，狠狠批评，学生又会心生抵触。到底该怎么办呢？我的做法是，事先把课堂常规拿出来，一旦学生违反，我不打不骂，而是采取另类惩戒——让他们为班级做一件好事，或者讲一个故事，但必须把大家逗笑；或教我做一种游戏，且必须把我教会（我有时佯装自己奇笨无比，无论学生怎么教都教不会，让他们很抓狂）。更有趣的是，我会要求违纪的学生与我一起演情景剧。我做学生，他做老师。他要给大家上五分钟的课，此时，作为学生的我就在下面捣乱，常常令他尴尬万分，有时甚至会把他气得七窍生烟。这样的情景剧演了两三回之后，课堂上再也没有了违纪现象，每个学生眼里都闪着求知的光芒……

这些转变，让我成长为一个成熟的班主任。但我并不满足于现有的成绩，因为教育是一个值得探索的终生的事业。

三、既要做扁鹊，更要做扁鸿

在很多人眼里，我俨然是一个优秀的班主任——不仅带的班级优秀，而且能说能写。虽然我已经出了几本书，但并不觉得自己有多了不得。相反，当我重新阅读曾经写的教育叙事时，总觉得自己就是一个忙碌的消防员：刚控制住这里的火情，那里又出事了；刚浇灭那里，这里又复燃了。我能不能换一种做法，让自己工作起来更加从容、更加有效呢？我想起了扁鹊三兄弟的故事。

某日，魏文王问名医扁鹊："你们家兄弟三人，都精于医术，到底哪一位医术最好呢？"扁鹊回答说："大哥扁鸿最好，二哥扁雁次之，我最差。"文王再问："为什么你最出名呢？"扁鹊回答："我大哥治病，是治病于病情发作之前。由于一般人不知道他事先能铲除病因，所以他的名气无法传出去，只有我们家人才知道他的医术好。我二哥治病，是治病于病情刚刚发作之时。一般人以为他只能治轻微的小病，所以他只在我们的乡里才小有名气。而我扁鹊治病，是治病于病情严重之时。一般人看见的都是我在经脉上穿针管来放血、在皮肤上敷药等，所以他们以为我的医术最高明，因此名气响遍全国。"

这个故事告诉我们：事后控制不如事中控制，事中控制不如事前控制。扁鸿的做法给了我很多启示，那就是不论是治病，还是班级管理，最好的措施就是预防。

由此，我想到了"德育预设"。所谓"德育预设"，就是提前预设学生在各个阶段可能产生的一些问题，然后提前进行教育，步步为营，以达到防患于未然的目的。

在组建班级的第一个学期，最重要的是督促学生养成良好的思维习惯，而且这种督促需要反复训练，不厌其烦地训练。我会寻找各种机会帮助学生树立"人"的观念。我想让学生永远记住：做人就要有做人的样子。只要学生的脑子里牢牢认定自己是一个人，一个顶天立地的人，正念、正思就会无声地渗入学生的心田。在这之后，我才会把一些做人的道理传授给学生，比如同情、诚信、宽恕、自控、自我激励以及如何说话，等等。

中学阶段的学生已进入青春期，我会把学生的思想工作重点放在性教育上。在进行性教育之前，要先教会学生自律，一个懂得自律且能自律的学生，既不会损人，也不会害己。之后，我才会系统地对学生进行性教育。当然，在进行性教育的同时，还要帮助学生树立尊重女性、孝敬父母、预防青春期恋爱等思想，然后再对学生进行理想教育、性格培养，最后是教学生学会自我反思，学会管理，学会独立。

现在的孩子，普遍存在生理发育提前，心理发育滞后的现象。生理与心理发育不平衡，导致学生躁动不安，引发身心冲撞。因此，很多专家认为，青春期的孩子问题最多，甚至奉劝老师不要与青春期的孩子较劲儿，会吃亏。我却不这样认为。我带了很多班级，每次都从组班之初就对学生进行德育引导，等学生到了青春期，虽然会有逆反心理，但也都平稳度过。在别人看来"大闹天宫"般的青春期，我的学生却能心态平和、无忧无虑地享受他们的黄金岁月。

中学生中考的备考压力不言而喻。此时，我会把德育工作的重点放在学生的心理疏导上，塑造他们良好的心态，帮助他们积极地面对考试，还与他们一起读书、交流，让备考压力下的他们拥有一颗平常心。

在教育教学工作中，会有很多让教育者始料不及的问题发生，而经过预设的层层铺垫的教育，则会给孩子的心灵点燃一盏明灯，指引着他们走向成长的康庄大道。

要做好老师，先要会做人

作为一线教师，尤其是班主任，我们该如何成长呢？我发现，无论古今，但凡在教育这个领域有点儿成就的人，都把着力点放在做人上。

一、做个简单的人

做二级教师的时候，我用一级教师的标准要求自己；做一级教师的时候，我用高级教师的标准要求自己。结果 2005 年，我竟然被评为中学语文高级教师，这在当时的农村中学，无疑像中了彩票一般幸运。现在，我是用特级教师的标准在要求自己。至于今后能不能评为特级教师，我不想多想，简单点儿，心才宽。

工作中会遇到拉帮结派的事，同事问我加入哪一派，我笑笑说："哪一派我都不加入，我保持中立。"我的朋友有时说我傻，或者说我是一个活在荷叶上靠吃露水为生的异类。其实，人心里那些曲里拐弯的东西我怎么会不知道呢？我只是想活得简单一点儿！因为拥有一颗简单的心，才能让我心无旁骛地做我想做的事，我才有机会成长！

二、做个厚道的人

很多人都觉得我很幸运，我自己也觉得我很幸运。因为我的人生总体上还算平顺，几乎在人生的每个转折点都有他人相助。

有一天，某杂志的副主编对我说："我们帮你，不仅仅是因为你有才，主要的是我们觉得你厚道、坦诚、有教育情怀，是个真诚、真实的教育者。"

一语惊醒梦中人，原来，任何帮助都是有原因的，而用自己的才情与品德打动别人才是最好的原因，因为这会把同一个精神层面的人凝聚在一起。

之后，我便特别注重自己的品德修养，尤其是叮嘱自己做人要厚道，要有一颗悲悯的心。

我曾经写过一个老师体罚学生的反思案例，案例中既没有出现学校名，也没有出现人名，可有一位老师硬是要对号入座，认为我是在写他，不仅打电话谩骂我，还在网上攻击我，有很多朋友都为我打抱不平。我说："他能对号入座，说明他自己已经意识到曾经的行为是错的，心里那一关过不去，所以要找一个发泄的渠道。我心中坦然，无愧于心，无惧他骂。"

很多人说我有一个好脾气。其实，是我能理解这些人的心情，也理解他们的行为只是为了达到心理平衡。既然我能读懂他们的心思，为什么不厚道一点儿，选择原谅他们呢？事实证明，那些曾经误解过我，甚至谩骂过我的同事，后来都成了我的铁杆朋友。

作为教师，如果当面一套背后一套，得理不饶人，是非常可怕的。这样的人别说成长，连原地踏步都做不到。相反，豁达、坦然，做一个厚道的人，就可以化复杂为简单，就会得到他人的帮助，从而找到走向成功的道路。

三、做个有智慧的人

有一次我到武汉讲课，湖北第二师范学院派了几个学生来会场做志愿者。他们都读过我的《教育西游记——我和"后进生"的故事》。他们问我："钟老师，读完您的书，感觉好像不管什么学生到您手里，都能化腐朽为神奇，请问要怎样做才能练出您这样的本事呢？"

我先要申明：并非所有学生在我手里都能化腐朽为神奇，教育不是万能的，有些学生的问题即便我费尽心思也无法解决。

作为教师，勤奋是最基本的品格，更重要的是要学会做一个有智慧的人。聪明人很多时候也会犯糊涂。唯独有智慧的人，才能做出顺乎人情和人性的处理，学生才会服气。那么，如何做一个有智慧的人？聪明人是不是就是一个有智慧的人呢？我以为不是，聪明反映在智商上，而有智慧则反映在情商上。

有些人，天生就有慧根，别人一点，便心领神会；而有些人，先天条件并不优越，只有通过后天的学习来修炼智慧。我属于后者。读书是学习，生活是学习，工作更是学习，这些学习就是修炼智慧的最好途径。

通过阅读可以获得教育智慧，但我以为更多的教育智慧是教师在探求教育教学规律的基础上，通过长期实践、感悟、反思而获得的。如果说理性智慧建立在对知识的把握和学习的基础上，那么实践智慧更多的是在经验的基础上，是在个体经验感悟、教学反思基础上形成的教育智慧。如果离开了实践探索，离开了对实践的反思，那么教师的实践智慧是很难提高的。因此，实践才是修炼智慧的最佳途径。

我以为，智慧是教不会的，智慧是各人修来的。只有用心做事，用心做人，用心生活，才能修炼一颗智慧之心。而一旦拥有了智慧，很多棘手的问题就会迎刃而解。

四、做个有趣味的人

熟悉我的人都知道我特别喜欢笑，尤其是面对孩子。孩子们一见我笑，就会跟着乐。我一直都这样认为：不管你的教学手法多高明，教育理念多先进，如果孩子不喜欢你，它们都很难有效果。有效教育的前提是孩子一定要喜欢（最不济也要接纳才行）他的老师。所谓"亲其师，信其道"就是这个道理。那么什么样的老师才会受学生喜欢呢？

我觉得老师要把自己变成一个有生活情趣的人。

我认识一个年轻的班主任，姓沈（她人很谦虚，不希望我把她的名字写出来），在四川省宜宾市高县柳湖中学任教。据我所知，她的学生非常喜欢她，亲切地叫她"沈老大"。初识时（通过网络相识）我觉得她的性格泼辣有余，温柔不足，那么这个女汉子何以受孩子喜欢呢？

相处久了，我就明白学生一定会喜欢她的，尽管我们连面都没见过。

为什么呢？她太有生活情趣了。美国教育家杜威提出"教育即生活"的大教育理论，而小沈老师就把杜威的理论整合成了一门有趣的生活课程。孩子们从她那里得到了很多生活的乐趣，喜欢她那是不言而喻的事。

比如，她带孩子一起种植向日葵，将他们分成几个小组，让他们每天比着给向日葵浇水，观察向日葵的长势。慢慢地，向日葵长大了，开花了，最终长成了"幸福八班"的班花。我"一心走路班"的班花是孩子们从万花图中选出来的，而小沈"幸福八班"的班花是孩子们种出来的，两相比较，谁更有趣？

再比如，她让孩子们写励志名言，要求原创，再找人据此制作出精美书签，孩子们想要得到这个书签，可以，但是要努力"挣"。想想看，自己写出来的名言变成了漂亮的书签，孩子们内心的那份欢喜，是不是填满了心间？"好好学习，天天向上"地去"挣"那张自己原创的书签，是不是一件很美好的事？

还比如，她找人把她班的 LOGO、班名以及学校名，做成一个个精美的钥匙扣。我一看，把我都迷倒了，我急切地找她要店主的地址，也想做几十个送给我的孩子们作为毕业纪念礼物。我做出来的钥匙扣是当礼物送给孩子们的，而小沈的钥匙扣是要孩子们用好表现去"挣"的。她的做法和想法是不是比我高明？钥匙扣这玩意儿不新鲜，但是把班级 LOGO、班名以及学校名放在上面，这个钥匙扣就成了新鲜玩意儿了。大家说，这是不是很有趣？我要是有这样的班主任，我也爱死他了。

除了这些，小沈还有很多与孩子们在生活上交往的趣事，而这些趣事，都是积极向上、富有正能量的，甚至隐含着教育的力量。

五、做个坚持不懈的人

成功的要素很多，我认为坚持最重要。

在我 20 多年的教育生涯中，始终如一地做好了以下几个坚持。

坚持读书。我的起点低，唯有多读书才能弥补先天不足。读书，几乎成了我每天生活必须做的事。

亲自动手。不论是工作上的事，还是家务事，我都会亲自动手。只有自己亲自做了，体验了，才知道是怎么一回事。而且在做的过程中，我获得了经验，如此反复，再加上不断的阅读，就会获得更快的成长。

坚持写作。读了书，做了事，生活充实了，但无法为以后的工作提供更好的参考。为了少走弯路，同时也为了留下一些有价值的东西，当然，也是为了加速自己的成长，我常年坚持教育写作。发表不发表不重要，重要的是我要反思，我要进步。

坚持信息收集。教师的成长还有一个社会属性的成长。我们教出来的学生最终可是要融入社会的。所以，我从参加工作的第一天起，就坚持从各种渠道收集社会信息。正面的，直接传递给孩子；负面的，善意地、策略地传递给孩子，我要让他们既保持校园生活的单纯，又具有面对社会复杂性的能力。所以，我的学生走出校门之后，既能保持必要的单纯与善良，但又不是缺心眼的"傻子"。

很多时候，我们说成长都是从专业的角度来说的，但只有专业的成长，没有做人的成长，这样的成长是不能持续的。一个教师，无论他的专业知识有多深，如果做人没有高度，那么，他的成长便永远没有高度！

做好班主任，你要记得这 11 件事

我以为一个一线班主任，要想从平凡走向优秀，由优秀走向卓越，必须具备自我成长的意识。那么，一线班主任应从哪些方面进行自我成长呢？

一、广泛阅读成杂家

古人云："三日不读书，便觉语言无味，面目可憎。"现在有一些老师，不要说三日不读书，就是三年，甚至一辈子，除了教材外，都没读过什么书。我到过好多个教师朋友家做客，发现了一个令我百思不得其解的现象：家里的酒柜装饰得非常奢华，就是看不到一个书柜。

老师都不读书，却口口声声要求学生读书，这种要求是很无力的，甚至是很可笑的。再说，老师不读书，学生出现的很多问题你根本解决不了。解决不了怎么办？轻则抱怨、放弃、恨铁不成钢，讽刺，造成师生关系恶化，所有的付出都将变成徒劳；重则辱骂、驱赶、体罚，造成师生对抗，教育非但无用，还会起反作用。

比如，学生早恋。你要不读书，就只知道早恋有害（可能会因为青春期荷尔蒙的唆使，过早出现性行为，或者是造成女孩怀孕）、早恋耽误学习（这是不争的事实），但是你却爱莫能助。甚至还会因为太负责，太"爱"学生，定出一些雷人的班规，做出一些既伤害学生心灵，又有损教师形象的事情。

我带的学生，早恋的很少。即便早恋了，我也肯定是知情人之一（现在，很多的孩子根本不惧早恋，甚至以早恋为荣，在同学中完全是公开的，但老师和父母却不知情）。我平时比较关注两性书籍，比如，约翰·格雷的

《男人来自火星，女人来自金星》，阿尔戈的《"坏"女人有人爱》等。我运用从书本里学到的知识以及我的人生智慧，经常给女生或者男生开秘密小会，直言不讳地跟他们谈性，谈爱情，谈婚姻，甚至谈孕育后代。这种坦诚、亲密、理性的聊天式的聚会，如春风化雨般抚平了孩子们心中的一池春水。如果某个孩子真有喜欢的人了，他会跟我坦白，请我帮他拿主意。"意搏班"的"问题生"小林，让我想了很多办法，改变却不大。后来，他一厢情愿地陷入情网，苦闷之余，向我求救。我将计就计，利用爱情的力量，为他制定重塑方案——外塑形象，内强素质，赠他"优秀男生修炼秘籍"，还巧妙地从他迷恋的女生那里要到了"给小林的10条建议"。然后我对小林说："要想成为白马王子，你就得先买白马！这10条建议，就是你的白马，你必须做到。否则，白马王子就变成了青蛙王子！白马王子配白雪公主，青蛙王子就只有配恐龙小姐的份儿！"小林表示愿为爱情付出一切，严格按照10条建议去修炼，以达到脱胎换骨的目标！我们两个击掌为誓，立字为证。

爱情的力量的确伟大。小林在一天天改变。不过，为师的，一定要明白一个理：爱情等于多巴胺！作为旁观者的老师不仅要清，还要进行局外控制。你得想办法让孩子与他喜欢的人保持距离，同时又要让他不懈地分泌多巴胺，这样他才会努力去改善自己。

如果你平时多关注性教育和青春期教育方面的书，比如《孩子的情欲世界，你知道吗？》《青春期性教育教师实用手册》《藏在书包里的玫瑰——校园性问题访谈实录》《别和青春期的孩子较劲》《青春期问题与教育方案》《如何教育叛逆学生——教师与家长的指导手册》等，那么，对于学生早恋的问题，你就不会觉得是怪事，也不会觉得无计可施，你会很轻松地帮助他们度过美妙而躁动的青春期，而且，他们会感激你一辈子。

再比如，当下校园里有一种奇怪的现象——阴盛阳衰。女孩是越来越霸道，越来越强悍，相反，男孩却越来越没有话语权了。这是为什么？不读书，你是找不到答案的。如果你读了《培养了不起男孩的100个细节》《养育男孩》《男孩穷着养，女孩富着养》等，你就知道男孩和女孩的区别是很大的。可是，我们的学校和老师对男孩女孩的评价却是一个尺度。一刀切的后果就是越来越多的男孩陷入了危机——学业危机、体质危机、心理危机、社会危机。

当然,这些书都是有针对性的,也是班主任和家长都必须读的书。

除此之外,班主任还应读哪些书呢?我的原则是,喜欢的一定读,专业的也得读,杂七杂八的也要读。

我认为,一个班主任优秀与否跟他在哪里工作没有关系,跟他读不读书才有关系。

我是很喜欢读书的。做学生时,哪怕就是掉在地上的一张写有字的纸片,也会拾起来看一看。有时无书可读,字典也会被我抓来读一读。工作最初那几年,经济条件再不好,节衣缩食也要买书读。即便是现在,经济条件得到了很大改善,只要是逛街买衣服,我就会捂住荷包心疼难忍,呵欠连天,困乏无力;只要一提买书,我就有一种千金散尽的豪情;只要一回家看书,我就心情愉悦,神清气爽,精神百倍。正是因为喜欢读书,我的学生都很佩服我。他们读到研究生、博士了,徘徊在十字路口时,仍会到我这里寻求建议。

二、改变心态

不论是手机短信、网络留言,还是老师们平时的闲聊,无不充斥着添加了膨大剂的抱怨、牢骚。例如,吃得比猪差,干得比牛多,睡得比狗晚,起得比鸡早。

在这样的心境下,人根本没心思去做事,更不要谈什么反思了。毋庸置疑,教师的专业成长也就成了可望而不可即的海市蜃楼。与其抱怨,还不如改变。我原来所在的学校条件那样差,我也从来没觉得悲伤、难过。条件差不可怕,可怕的是你不思改变。2009 年 10 月,我从海口回到我原来的学校,11 月接手一个初二班级。没有班名,没有班级口号,没有班级愿景,没有完善的班委团队,没有班规制度……一句话,一无所有!怎么办?那就以一种积极、喜悦的心态重新开始啊!正是因为以前没有,才能突出你的与众不同!结果,两三天后,那些孩子对我就佩服得五体投地了。这还不算,最重要的是,我因此收获了 50 多万字的班级教育叙事。这对我的专业提升有多么大的帮助啊！如果你总是消极地等着别人来改变，等着别人来救赎，这样的等待往往是无效的，是拿青春赌明天！《肖申克的救赎》是一部很有启发性的电影，大家不妨看看，与其等着别人来解救你，不如及早进行自我救赎。

还有，休闲的时候也可以读一些调整心态的书，比如《心态的能量》《阳光心态——员工自我成长心理学》《心态决定命运》等。

三、改变观念

有一句话叫作——观念决定思路，思路决定出路。一个人，如果只知道抱残守缺，那么他是不可能进步的。为师者，如果抱持旧有观念不变，总是想当初怎么怎么，以前如何如何，是不可能适应当下的教育形势的。为什么呢？就算其他的都不变，但是你所面临的教育对象变了呀！

教育的终极目标是，教孩子学会如何幸福地生活。那么，如何才能让人幸福地生活呢？幸不幸福，只有受体才有发言权，很多老师都是单方面地认为我这样做是为学生好，是为了学生的发展。好不好，发不发展，这是需要时间来证明的。所以，目光放远一点儿，给学生更多的理解和慰藉，学生才会向你敞开心灵的大门。一次期中考试监考，我走进一个教室，看到黑板上方赫然写着："雄关漫道真如铁，而今迈步从头越，读清华，上北大，奋力攀登，艰苦卓绝。"据我所知，这个班的班主任对学生非常严苛，学生在校期间，所有运动都不准参加，下课只能上厕所，然后回教室做作业，就连同一走廊同年级的同学之间都不可以说话。他每个周日下午都要提前到校，义务为学生补课。学生考试失败了，非打即骂，甚至还罚跪，吐口水。他本人每天早出晚归，累得半死，结果学生恨他入骨。学生先是在学校的厕所、教学楼、学生公寓楼、教师宿舍楼的墙壁上写辱骂他的话，趁他不在学校时故意违规害班级扣分，还在其他老师的课堂上起哄吵闹。这些都只能算是小打小闹了，更让他胆战心惊的是：有不少学生私底下说，等到毕业后，要打断他的腿以泄心头之恨。如果老师不把学生当人，不关心学生的精神成长，那么，学生学会的同样是漠视他人、践踏他人的"非人观"。

教育是科学，也是艺术。有些老师相信教育是科学，所以，不论做什么都有板有眼，严格按照规程执行。教育是科学，一点儿都没错。王晓春老师的《问题学生诊疗手册》以及《做一个专业的班主任》，都渗透着"教育是科学"的观点。不过，科学揭露的往往是真相，毕竟残酷。我们的工作对象是人，不是流水线上的零件，因此，操作的时候，还是要给残酷的真相化一抹"艳妆"。这个"艳妆"便是教育的艺术了。也就是说，追问、诊断的时候，我们要抱持科学的态度，但在具体操作的时候则要讲究艺术。

现在还有很多老师跟学生说，一日为师，终生为父母。这话如同暗恋，有点儿一厢情愿的感觉。学生根本不买这本账，他们更多的是想要一种平等的朋友关系。从教育的"人学观"来讲，教育就是一种服务人的事业。所以，为师者与其把自己捧到神坛上坐着，还不如坦然走下神坛，心安理得地当好学生的服务员，甚至为他们跑腿、打杂（不过我更倾向于与孩子们形成一种合伙人的关系）。不要以为走下神坛学生就不爱你了，相反，当你以一种平等、亲切、友好的态度去对待孩子时，你收获的才是学生们真正的喜爱。

四、与时俱进，学习新知

《庄子》中有这样一则寓言：朱平曼喜好剑法，总想练就一身独步天下的绝技。他听说有个叫支离益的人擅长屠龙之术，便赶去拜支离益为师，立志将这种人间稀有、世上少见的剑法学到手。他苦学苦练了三年，倾家荡产也在所不惜，终于他的屠龙剑术达到炉火纯青的境界，便辞别老师，开始仗剑闯荡江湖，显姓扬名。然而，他四处寻觅，却找不到一条龙的影子。其所谓的一身绝技，最终没有任何用武之地。

这个故事告诉我们：一是学习不可盲目跟风，二是所学知识要有用武之地。20 年后，我们的社会需要什么样的人才？30 年后我们的社会又需要什么样的人才？身为教师的你思考过吗？

虽然现在电脑进入寻常百姓家，网络已经被大众接受，坐在电脑前上网，已经没有人嘲笑你了。可是，许多老师还是谈网色变。结果，学生早已经跑到老师前面去了，老师还在后面一知半解地杞人忧天。既然怕学生被网络这只老虎吃掉，为师的，干吗不先行一步，把网络这只老虎给收拾掉呢？2002年，我就买了一台电脑回家。当时我老公不同意，瞪着眼睛不满地说："难道没有电脑，你就不会教书吗？"我牛劲儿一来，咬牙应道："就是！"买回电脑，我啥都不懂，连开机关机都是找同事的小孩学的。慢慢地，基本的操作都会了。但那时不敢上网，误以为网上的东西坏得很，只要一上网，就会变成坏人。

2005年，我评上了中学高级教师职称，开始时还沾沾自喜、春风得意。不久就失落了，觉得抱着高级职称混到退休，实在是浪费人生。正在徘徊时，我看了万玮的《班主任兵法》、郑杰的《给教师的一百条新建议》，我的教育人生从此发生了转折。于是，开始上网，先是购买各类教育书籍阅读，再就是到各教育论坛学习。

现在，我已经是资深老网民了，对网络的熟悉程度令学生都感到惊讶，他们在我的QQ好友印象中评价我为"潮人"。因为我是资深网民，所以那些菜鸟级别的学生就只有对我服气的份儿了。我指导他们如何健康上网，如何利用网络获得自己需要的东西，还教他们在网上建立虚拟班级。师生一起在网络上交流得热火朝天，学生喜欢得不得了。我现在带的"一心走路班"，没有一个孩子沉迷网络，更没有孩子在网海里翻船。

因为有了网络，我的思想不再陈旧、老套，而是与时代保持着紧密的联系，甚至因为多年一贯的接触大量的国际、国内信息，还有了超前意识。因此，我在引领学生的时候，尽量用发展的眼光，尽可能地为学生做长远规划。

五、先行后说

子曰："先行其言而后从之。"有些老师喜欢霸占讲台，善于说教。不过，令人大跌眼镜的是，老师的一腔热血往往遭遇孩子们的一盆冷水。林格先生有一本书《教育是没有用的》。读后令人释然，不是教育没有用，而是喋喋不休的说教没有用。"正确的废话"人人都会说，但身体力行地做事，未必人人都愿意干。

我是一个执行力很强的人。只要说了我就要去做，甚至没说，我觉得很有必要，我也要去做。在我看来，不管多么先进的教育理念，不管你说得多么有道理，你不付诸行动，最后都会一无所成。现在的年轻人，学历不可谓不高，教育理念不可谓不懂，为何面对具体的教育实境还是叫苦连天，还是找不到任何职业成就感？造成这个局面的因素当然很多，但其中有一点就是：说得多，做得少，或者是只说不做，典型的知而不行。

有一次，我们学校有个年轻班主任问我："钟老师，您一天都在教室里做什么啊？"我笑着回答她："我天天在教室里扫地啊！"他不信，说："开玩笑，您那么有名气的班主任还扫地，您忽悠我吧！"

我承认我说话的语气确实像在开玩笑，但我真没忽悠他。我的确每天都在教室里扫地，只不过我做的不仅仅是扫地的事儿。

为何我天天在教室里扫地？

首先，我非常喜欢扫地。我非常推崇舛田光洋的《扫除力》一书中传递出来的"通过扫除体会幸福"的理念。从我个人的成长经历来看，我确实是通过清洁打扫，把自己塑造成改变环境的角色，进而强大自己的内心和磁场，最终获得意想不到的结果，真切地体会到了扫除力带给我改变自我的魔力。

其次，我喜欢干净、整洁的环境。整洁的环境本身就具有清洁人心的作用，尤其是教室，是教学和德育的主阵地，是孩子们一天之中待得最久的地方。如果这个地方脏乱不堪，孩子的心怎么可能干净得起来呢？

可是给孩子们说这些道理有用吗？我用我自己的行动去带动孩子，于是他们体验到了行动带来的收获，其他的工作也就更容易推行了。后来我跟孩子们谈了舛田光洋的《扫除力》，并且推荐他们上网查询，还买了书回来让孩子们读。后来教室里的卫生，以及孩子们的个人卫生，我再没操心过。

我现在拿起扫帚扫地，与孩子们勤快不勤快无关，纯粹是个人爱好。每天早晨孩子们都在自觉地早读，我也帮不上什么忙，我闲着也是闲着，于是以扫帚为道具，以扫地为理由，目的就是想待在教室里。当然也是想看看哪些孩子能体会到读书的快乐，哪些孩子觉得读书是苦差事，然后，我才能有针对性地设计我的学科课程以及德育课程。

其他的事情，我也一样先落实到行动上，再让孩子们从行动中感受成功，然后再跟他们讲相关的道理。这样一来，孩子就更容易听进去，从而把行动落实得更好。

有很多老师问我做班主任的秘诀，我真的很难回答。就我个人来讲，我觉得没啥秘诀。如果真要说秘诀的话，那么就做一个具有行动力的班主任吧！少说多做，与孩子们一起做，始终与他们在一起。

六、做一个沟通高手

我个人认为，一名教师除了应该具备精深的学科知识外，最重要的便是沟通能力了。很多师生矛盾，甚至是师生冲突，大多是因为沟通不畅而造成的。为什么会出现沟通不畅呢？老师们不妨自查一下，你的沟通言语中是否存在暴力？很多人都认为只有打人、杀人等才算是暴力。其实这只能算是显性的暴力，还有一种暴力是寄生在语言上的，主要是对人的精神造成伤害，这种暴力被称为"隐蔽的暴力"。这种暴力极容易激怒听话人，造成沟通失败，甚至引起冲突。那么，暴力沟通有哪些表现呢？

道德评判。就是用道德标准来评判人。学生的行为不符合我们的价值观，或者是不符合学校的考核标准，那他就会被看成不道德的，或者是坏孩子。将学生的违纪行为与道德评价挂钩，说出诸如，"你很自私"、"你简直没教养"、"什么样的家长养出什么样的孩子"、"你简直坏透了"、"没有一个好东西"、"看你那副鬼样子心里就烦"等话你就得注意了：你已经为自己招来了"敌人"，轻则发微博、上贴吧骂你，遇到心理有问题的孩子，说不定就要用刀子捅你。

有一个周末，我去家访。家长跟我说了一件伤心往事。他说他的孩子小学六年成绩都很好，初一也不差。到初二，换了班主任。这个新班主任与学生见面的第一天，或许是想急于提高自己威信的缘故，在学生面前夸夸其谈，说自己如何了得，全国各地都跑遍了。由于高调唱得太厉害，学生听着听着就不舒服了。其中一个孩子就说："那您去过男厕所没有？"这一问，把正在吹嘘的女老师弄得很难堪，她恼羞成怒地呵斥道："你简直就是流氓！"这句话一出，师生结仇。初二的孩子，还不具备理性思考问题的能力，于是就赌气，两年时间没有好好学习。自然，成绩一落千丈，考高中，那是门儿都没有的事儿。但最终，还是到了我们学校的高中，初中知识都没好好学，高中怎么能听得懂？这个孩子从此破罐子破摔，成了我的心病。俗话说"前人种树，后人乘凉"，可我遇到的是"前人酿苦酒，后人难下咽"。

进行不合理比较。比较必须是在同一个层面上，而且必须是不需要通过智力活动就能达成的行为。比如，晨练，你可以冲学生说："一班的同学去得早，你们去得晚，你们比一班迟缓，表现不好。"但如果你冲着学生说："为什么一班的学生成绩那么好，你们却那么差，简直丢人到家了！"学生一定恨你！这种需要通过智力活动才能完成的任务，只能是自己跟自己比，有进步，那就是可喜可贺；退步了，自当找原因。

强人所难。为师者的职责就是改变学生的不良行为，并让他们遵守规则。可是在实际操作中，你会发现，你可以向孩子提出各种要求，但无法强迫孩子按你的期待生活。当然，我们也可以通过惩罚的方式来教训他们，但最终的结果是——你上有政策，他就下有对策。因为人本就有逃避惩罚的天性，所以，与其用威胁的手段去强人所难，还不如通过非暴力沟通让学生认为：选择新的生活，是为了追求幸福，而非为了逃避惩罚。这样一来，学生的行为就容易符合规范了。

那么，如何进行非暴力沟通呢？

不带评论地观察。老师将观察和评论混为一谈，学生就会倾向于听到批评，进而反驳我们。比如，女生老爱披散着头发，你可以说："你披着长发真漂亮，可惜啊，学校不允许，学生干部看见了，会扣班里的分。"学生闻言，马上就会束起头发。你如果这样说："你看你，整天披头散发，给班级抹黑，简直就是害群之马！"我敢保证，你评论的是一个人，但你得罪的却是一群人！

陈述客观的感受。 告诉学生，你看到他的违规行为时，心里的真实感受。在表达感受时，适当示弱有助于解决冲突。

表达你的需要。 如果我们通过批评来提出主张，孩子们的反应常常是申辩或者反击。反之，如果我们直接说出需要，孩子们就极有可能做出积极的响应。

提出你的请求。 清楚、明白地告诉学生，我们希望他们做什么，或者怎么做。如果我们请求孩子们不做什么，他们就会感到困惑，不知道如何做。并且，这样的请求很容易引起学生的反感。比如，你对学生说："不准迟到！"你还不如说："早上，我们班同学最迟 7 点 25 分要进教室（高中部 7 点 30 分开始晨读）。"孩子们听了，他就会尽量在 7 点 25 分赶到教室。

说了这么多，那我究竟是如何与学生进行非暴力沟通的呢？

示例一：我走进教室，看见某个同学座位下有垃圾，我会这样说："你座位下面有纸屑，我看到这些纸屑心里就很别扭，我比较喜欢干净、整洁的环境，等会休息，你可以收拾一下吗？"

示例二：有一次，一个学生对我说了一句很难听的话。我找他沟通，我说："你今天说的那句话，我心里真的很难受。换个身份，如果我的儿子也用这句话说你母亲，你会怎么想？我要告诉你，我首先是一个人，然后才是教师，并且我还是一个女人，所以，耳闻难听的话语，我比男老师更容易受伤。"我这才说到我的感受，需要以及请求都没表达出来，这个男生马上就向我道歉了，说自己性格不好，说话随意，请求我原谅。现在，我和这个男生的关系特别好。他是一个个性不太张扬的学生，从表面上看，他不关心班级发展，事实上他经常通过发短信的方式帮我出点子。

示例三：针对学生阅读面偏窄的现象，我想给学生拓展一下，可我知道，我的学生对学习不那么热衷，那我该怎么去与他们沟通呢？我说："教了你们一个多月，我发现你们的阅读量窄了一些。不过这不要紧，我们可以改变。一周有六个晚修时间，两个用来学专业课知识，所有学科都不占用这个时间，其余四个晚修则全部投入到文化课的学习上。我有个想法：我们每天晚上提前 10 分钟到教室，这 10 分钟用来阅读。4 个晚上就是 40 分钟，可以读 4 篇美文，如此下去，一学期可以多读七八十篇文章，这就增加了大家的阅读量。再说，我们学校条件那么好，随时都可以到文印室印制我们所需要的阅读材料，为何不好好利用起来呢？"

接下来的第一个晚修，6 点 50 分，12 个同学准时来了。我欣喜若狂，因为我最坏的打算是一个学生都不来。现在来了 12 个，这就说明有 12 个学生是想进步的。我赶紧把这 12 个同学的名字写在黑板上，旁边写上："如约而至！我很欣赏这种守约的行为！"来得晚的，我也没批评，提都没提一句。

第二个晚修，6 点 50 分，准时来了 14 个学生，还有 7 个学生提前 5 分钟到了教室。我啥也没说，赶紧登记，先是表达对准时到的 14 个学生的欣赏，接着表示了对提前 5 分钟到的 7 个学生的认可，特意赞扬他们也是要求进步的同学。

慢慢地，提前 10 分钟进教室的学生越来越多了。

有一些人天生就会说话。比如，李云龙，书没读多少，却是一位当之无愧的沟通高手。现在很多企业都把《亮剑》作为培训员工沟通能力的教材，而李云龙自然就成了培训教师。李云龙一个穷苦人家的孩子，文化程度低，也没上过军校。可是他生就一张能说会道的嘴。那是人家的天赋，学不来的。那么，没有天赋的老师怎么办呢？靠后天学也可成为沟通高手的。

我个人认为，实现有效沟通最重要的一点是，你要明白听话者最想听到什么话，所以，洞悉人性和人心是非常重要的。其次是要尊重、谦恭、宽容、理解、同情、悲悯，没有这些美好的人性打底，你说话就不会考虑对方的感受。当然，还需要学一点儿技巧。沟通技巧除了书本学习之外，主要的还是在生活中学习。建议各位班主任老师读读《班主任如何说话》《老师怎样和学生说话》《孩子，让我看着你的眼——如何与孩子进行有效沟通》《如

何说孩子才会听 怎么听孩子才肯说》这类书籍，这对提高班主任的沟通能力有很大的帮助。我相信，只要你愿意，你的沟通能力一定会提高的。

七、心怀梦想

我是一个有梦想的人，不论到了哪里，都怀抱着梦想不放手。2005 年是我的教育丰收年，不仅所带班级表现优秀，教育教学业绩居全校之首，我也评上了"中学语文高级教师"的职称——这可是农村中学所有教师的梦想！这对在一所农村中学工作的老师来说，几乎是一个不可能实现的梦想。

评上职称后，我先是欣喜若狂，然后趋于平静、淡定，再后来开始失落、茫然。身为一线教师，从专业技术职称来讲，我算是"熬"到头了。难道真的就如我的有些朋友劝告我的那样"好好保养自己的身体，活得越久，领国家的工资就越多，为子孙造福就越多"吗？我不会打麻将，不喜欢逛街和应酬交际，唯一的业余爱好就是绣绣鞋垫以休息大脑。

我这样一个不合时宜、不会玩乐的人，后面的几十年光阴，该怎么度过呢？于是我想到了自我超越。当我把这个想法告诉一位在绵阳任教的朋友时，他不乏鄙视地说："你？一个农村教师，井底之蛙，你想超越？我跟你说，你还是老老实实回家相夫教子吧，别折腾了。我见得多了，有些来绵阳应聘的特级教师还混不下去呢，何况你？不就一个中师生吗？我一个教育硕士还头疼，不敢说自我超越的话呢！好了，别幼稚了！好歹也得了个高级职称，不要人心不足蛇吞象。"我被这位仁兄教训得哑口无言、郁闷不已。但我初衷不改，继续思考该如何寻找途径来超越自己。

可是，我在一个非常偏僻的农村学校啊，要改变自己谈何容易。我拿什么来拯救我自己？思来想去，唯一能拯救我的也许只有网络。于是我从网上购买教育书籍如饥似渴地阅读。到现在为止，我家里收藏的教育类书籍，不下 600 本。一时间，我在别人眼里看起来疯了——三十来岁的女人竟然沉迷网络！以至于每天都有同事或者一些同事家属意味深长地问我："昨晚你和网友聊到几点？"然后就有个别同事在一旁含沙射影地说，某某因为上网，网恋了，和网友跑了。

2008 年 8 月 21 日凌晨 5 点，我带着我未满 12 岁的儿子辞别家人离开我温馨、温暖的家，进行了我人生中真正意义上的第一次远行——从四川到海南，至此，开始了我的教育航海历程，与一群家庭富有的陌生孩子相遇，演绎了一出出或悲伤、或喜悦、或成功、或失败的故事。

一年多的教育经历，不仅让我眼界大开，也让我在教育上华丽转身，不仅收获了一群孩子及家长的喜爱，更收获了一个优秀懂事的儿子。为此，我曾感慨地写了一篇随笔《有子如弟》贴在"班主任之友教育论坛"上，竟然被刊发在 2009 年小学版的《班主任之友》杂志上。文章发表后，我儿子自豪地说："我不仅要让你有子如弟，我还要让你有子如夫。"儿子不是在吹牛皮、夸海口，而是像他爸爸一样细心周到地照顾我。比如，晚上帮我关窗户，叮嘱我早睡，帮我削水果，督促我洗澡，每天用自行车驮着我上下班。而那个时候，他才 12 岁呢！

八、学会爱的技巧

师爱是师德的核心。没有爱就没有教育。一个教师最主要的能力就是爱的能力，其次是沟通的能力，再次才是教育教学的能力。其实很多老师都是爱学生的，遗憾的是，学生感受不到这种爱。这是爱的"有心无力"——只有爱的心，没有爱的技巧、爱的智慧。纯洁高尚的师爱经那些"有心无力"的老师表达出来后，爱就变味了，甚至变质了，严重者甚至还会戕害学生的心灵。我认识一位班主任，堪称爱学生的典范，但他却是学生最大的仇敌。学生提出不合理的要求，他有求必应；学生犯错了，他不仅不批评教育，还帮着推卸责任。经常看到他和学生打成一片，不分彼此。总之，学生在校期间，都很喜欢他。只是，这些学生毕业进入社会若干年之后，又纷纷回过头来恨他，说他不负责任，对学生纵容无度，致使他们在校期间啥也没学到，进入社会才知道做人的必要、知识的重要。这种爱，不是善意的爱，更不是智慧的爱。由此可知，不当的师爱也会伤害学生。所以，爱不是随便随意付出的，而是要考虑受体的感受以及是否对受体产生长远而积极的影响。

一个老师不仅要有爱心，还要善于表达自己的爱心。有技巧地表达爱是一种能力，善意地表达爱是一种慈悲，艺术地表达爱是一种智慧。

九、教育写作

没有反思，就没有进步！而反思的最好方式就是教育写作。我始终认为，看不到文字的反思是流于形式的假反思，而通过文字梳理自己工作的反思才是真正的反思。这样的反思才会真正知晓自己的成败得失，才会更快地进步，也才会真正地提高。

2005 年以前，我认为自己是一个很了不起的优秀教师。但是，我来到各教育网站看到网友发的帖子之后，我发觉我简直就是一粒尘埃，为此自卑了好长一段时间。2006 年 5 月，我战战兢兢地来到了"班主任之友教育论坛"。以"招招都是情，情到深处即无招"为主题开帖写教育故事。从此一发而不可收！到现在为此，我分别以"静听花开的声音""教育航海记""教育西游记"等为题，写了 200 多万字的教育故事。这让我彻底清醒了，再也不敢认为自己是了不起的教师了。我只能说，我是一个不断探索、不断进步的教师。

书写教育故事是快速进步的一条捷径。你要写好，就要做好；你要反思，就要找到依据。这就迫使你主动去寻找理论支撑的材料。自然，那些你看着就发晕的理论书籍在你眼里也变得可爱一些了。

十、网络研修

很多老师都说，我们想成长啊，可是我们没有学习的机会。错了，学习的机会是无处不在的。尤其是当下，网络已经覆盖城市乡村，只要你愿意，上网一搜，就能找到大量的信息。所以，与其舍近求远，舟车劳顿外出学习，还不如通过网络研修来成就自己。

"班主任之友教育论坛"、"K12 教育论坛"、教育在线、中国教师研修网等各大教育门户网站，隐匿着不少高人。只要你愿意，你就可以进去注册开帖，与名家近距离地交流。

十一、做个知法守法的班主任

当下，不论是网络，还是现实，都充斥着对老师教育行为过激的谴责。很多老师感到委屈："我都是为孩子好啊！真是费力不讨好！"委屈之后便泄气、消极，甚至干脆来个不管。诚然，现在个别家长蛮不讲理，社会上种种贬斥老师的声音也未必正确。那么，我们的老师为什么早起晚睡、含辛茹苦，却还遭到如此不公的待遇呢？

我以为，主要责任还是在老师这一方。因为一个不懂得依法执教，不懂得自我保护的老师，不能说是一位合格的老师。尤其是班主任，每天和学生乃至学生的家长打交道，如果连起码的法律知识都不知道，请问：好的动机会不会产生坏的结果呢？很多时候，我们没想把事情弄到不可收拾的地步，但事实上就是把事情搞砸了。

所以，身为班主任一定要有自保的意识。怎么自保？我个人认为，首先要阅读与教育相关的法律条文，比如，《中华人民共和国教育法》《中华人民共和国义务教育法》《中华人民共和国教师法》《中华人民共和国未成年人保护法》等。接着把这些法律知识落实到自己的工作中去，依法说话，依法做事。

身为一线班主任，你的烦恼，你的劳累，你的痛苦，作为同行，大家都清楚。但是，作为外行，未必明白个中苦楚。最初的倾诉，或许会取得别人一些同情，但说多了，就变成了祥林嫂，不但不会获得同情，相反，别人还会讨厌你，进而躲避你。

因此，唯一的办法就是让自己成长，提高自己的专业水平，把无奈的教育变成诗意的行走。然后，你才能获得幸福的教育人生，从而诗意地栖居在校园里！